杰弗里·摩尔
管理系列

跨越鸿沟

颠覆性产品营销指南

（原书第3版）

[美] 杰弗里·摩尔 ——— 著
（Geoffrey A. Moore）

祝惠娇 ——— 译

CROSSING THE CHASM

Marketing and Selling Disruptive Products
to Mainstream Customers
3rd Edition

机械工业出版社
CHINA MACHINE PRESS

图书在版编目（CIP）数据

跨越鸿沟：颠覆性产品营销指南：原书第 3 版 /（美）杰弗里·摩尔（Geoffrey A. Moore）著；祝惠娇译 . -- 北京：机械工业出版社，2022.8（2025.1 重印）

（杰弗里·摩尔管理系列）

书名原文：Crossing the Chasm: Marketing and Selling Disruptive Products to Mainstream Customers, 3rd Edition

ISBN 978-7-111-71084-4

I. ① 跨⋯ II. ① 杰⋯ ② 祝⋯ III. ① 市场营销学 – 研究 IV. ① F713.50

中国版本图书馆 CIP 数据核字（2022）第 120894 号

北京市版权局著作权合同登记 图字：01-2022-1639 号。

跨越鸿沟：颠覆性产品营销指南（原书第 3 版）

出版发行：机械工业出版社（北京市西城区百万庄大街 22 号 邮政编码：100037）			
责任编辑：刘新艳		责任校对：付方敏	
印　　刷：河北宝昌佳彩印刷有限公司		版　次：2025 年 1 月第 1 版第 10 次印刷	
开　　本：170mm×230mm 1/16		印　张：17.25	
书　　号：ISBN 978-7-111-71084-4		定　价：79.00 元	

客服电话：（010）88361066 68326294

谨以此书献给我的妻子 Marie。

前言 | PREFACE

在讨论《跨越鸿沟》的出版方案时，出版商和作者都认为，如果本书的销量能超过 5000 册，那就已经很不错了。毕竟，这只是一本小众书，作者名不见经传，高科技产品该如何营销这个话题也略显深奥。

事实上，自 1991 年首次出版至 20 世纪 90 年代末，本书已经卖出了 30 多万册。当然，出版商和作者都为此感到高兴。但更有趣的问题可能是：为什么本书能如此成功？答案就在于口碑营销。口碑营销是非常有效的营销方式，本书的成功便是一个教科书般的案例。口碑营销也正是本书为颠覆性创新寻求主流市场的采用所提出的营销策略。

首先，事实证明，鸿沟这个隐喻和如何跨越鸿沟的建议让经验丰富的高科技营销[⊖]经理产生了深深的共鸣。无数读者告诉我，他们觉得本书很有价值，虽然书中的内容都是他们已经知道的，但他们知道的是零散的直觉和惨痛的经验，而本书用准确的语言将其描述

⊖ 高科技营销指高科技产品的营销。——编者注

出来并且形成连贯的框架体系，可以用于指导未来的决策。

因此，他们便把本书介绍给其他同事，顺便也把书里的词汇传播开来。于是，本书离开了市场营销部，传播到了工程部，很多工程师都说，这是第一本他们读完了前面几章还没有扔掉的营销类图书。工程师的赞美是真的赞美，对此作者深表感激。

这种不同寻常的情况也引起了风险投资界的注意，本书也因此找到了另一个销售渠道。从本书的新词汇中，风险投资者找到了与工程型企业家开展对话、探讨市场开发的方式。事实上，为了统一思想，本书成为整个公司所有人的必读书目。

商学院的教授们也选择本书作为企业营销课程的教材。在本书首次发行之后的十年里，企业营销可谓风靡一时。学生喜欢本书，因为它用词准确，既讲案例，又讲理论，更重要的是，它通过比喻来表达核心论点，尽管用的是多重比喻，但形象易懂。如果你认同这些比喻，那你就基本上掌握了本书的精髓，阅读本书只不过是确认一下你已经知晓的道理而已。

就这样，一切都很顺利，直到1997年左右，有学生开始问："Ashton Tate（安信达软件公司）是谁？ Cullinet（软件公司）又是谁？ WordStar是什么公司？ Ingres又是什么公司？"这些例子是本书类比论证的关键，但是它们已经老掉牙了。因此，我们推出了修订版，论点基本上保持不变，只是用20世纪90年代的公司替换了20世纪80年代的公司，这进一步印证了作者的观点：鸿沟问题是科技行业反复出现的挑战。

这就是过去十年的基本情况。本书的销量持续快速增长，算上外文版，到本次修订时，本书销量已经超过了 60 万册，像以前一样，书中的框架体系不断在相同的语境中反复被人提起。转眼间，到了 2007 年左右，又有学生开始问："ChannelPoint 是什么公司？VerticalNet 是什么公司？ Silicon Graphics 呢？ Savi 呢？难道案例分析里就没有我们知道的公司吗？"因此，现在又到了更新案例的时候了，尽管可能有点晚了，但我还是满怀热情地开始了本书的修订工作。

和以前一样，我的做法是保留原书的结构。但可以肯定的是，现在的环境与十年前已经大不相同，一旦开始修订，最终还是得从头到尾修改一遍。因此，我决定增加两个附录。附录 A 对在《跨越鸿沟》之后出版的那本书做了一个简短的回顾，即《龙卷风暴》（*Inside the Tornado*），其目标是将技术采用生命周期从头到尾完整地呈现出来，从早期市场、鸿沟、保龄球道，一直到龙卷风暴、主街和采用后的品类成熟期。这应该可以帮助初次阅读本书的读者在更广阔的背景之下理解何谓跨越鸿沟。

附录 B 介绍的是 21 世纪高科技领域最引人注目的新进展，即消费者 IT 的崛起，其主要驱动力来自移动设备、云计算和互联网的创新运用。在 21 世纪之前，IT 类产品几乎都以 B2B 业务起家，在技术得到验证、成本降低之后，最终有部分产品流向 B2C 市场。但到了 21 世纪，在前面引领潮流的一直是 B2C 业务，而现在 B2B 企业才刚刚开始引进 B2C 技术。

事实证明，《跨越鸿沟》本质上是一个 B2B 市场开发模式。它可以应用于 B2C 市场，有时候还相当有效，但归根到底，它不是最好的 B2C 营销模式。相反，我们一直称为"四个齿轮"（The Four Gears）的营销模式被证明对致力于开拓消费者业务的数字企业家更有参考价值，这就是附录 B 的内容。

总而言之，修订本书是一段相当漫长的旅程。在此过程中，我得到了很多人的支持，首先是我的家人，特别是我的妻子 Marie；然后是鸿沟集团（Chasm Group）、鸿沟研究所（Chasm Institute）、TCG 管理咨询（TCG Advisors）和莫尔达维多风险投资公司（Mohr Davidow Ventures）的许多同事；还有我在 HarperBusiness 的编辑、我的经纪人 Jim Levine 和我的私人助理兼业务经理 Pat Granger——你看，出修订版确实需要很多人付出心血。除此之外，最重要的还是我们的数百名客户，他们为我们的咨询工作带来了最有趣的问题和最吸引人的活力，他们才是我们的灵感之源。

杰弗里·摩尔

2013 年 6 月

CONTENTS | 目录

前言

第一部分 | 发现鸿沟

绪论　如果马克·扎克伯格能成为亿万富翁······　　　003

第1章　高科技营销幻想　　　011

技术采用生命周期　　　012

高科技营销模型　　　017

成功案例　　　019

幻想与幻灭：曲线上的裂缝　　　021

发现鸿沟　　　025

葬身鸿沟　　　027

寓言一则：高科技公司的故事　　　029

第2章　高科技营销启蒙　　　033

基本原则　　　034

早期市场　　　037

早期市场的动态发展过程　　　050

主流市场 055

主流市场的动态发展过程 065

落后者：怀疑主义者 068

回到鸿沟 070

第二部分 | 跨越鸿沟

第3章　D-Day战略 079

鸿沟里的危险 080

攻入主流市场 082

如何生火 085

微软是怎么成功的呢 090

利基市场之外 092

成功跨越鸿沟的案例 094

从理论到实践 107

第4章　确定攻击点 109

高风险、低数据决策 110

知情直觉 113

创建目标客户画像：设想使用场景 115

实例分析：3D打印 116

使用场景数据处理：市场开发战略的要素清单 122

集中火力 128

是的，规模很重要 129

小结：目标市场的选择过程 131

第5章　集结进攻力量 133

整体产品概念 135

整体产品与技术采用生命周期   137

整体产品规划   139

案例重温：3D 打印机   142

真实案例   145

合作伙伴与盟友   154

小结：整体产品管理注意事项   165

第 6 章 定义战场   167

创造竞争   168

定位   182

整体产品发布   194

小结：竞争性定位清单   199

第 7 章 发动进攻   201

以客户为导向的分销渠道   202

以分销为导向的定价策略   210

小结：发动进攻   214

第 8 章 结论：摆脱鸿沟   217

财务决策：打破曲棍球杆曲线   221

风险投资者的角色   225

企业管理层的角色   227

组织决策：从开拓者文化到定居者文化   230

两个新职位：目标细分市场经理   234

两个新职位：整体产品经理   237

解决薪酬问题   240

奖励产品开发者   243

研发决策：从产品到整体产品　　　　　244

一门新兴学科　　　　　246

放下本书，走向未来　　　　　248

附录 A　高科技市场开发模型　　　　　251

附录 B　数字消费品采用的"四个齿轮"模型　　　　　257

第一部分

发现鸿沟

绪论　如果马克·扎克伯格能成为亿万富翁……

　　音乐剧《歌舞线上》有一句歌词是这样唱的："如果特洛伊·多纳休能成为电影明星，那我也能成为电影明星。"每一年，人们都会想象这句歌词勾勒的故事会在美国全国的高科技创业公司里重演："如果马克·扎克伯格能成为亿万富翁……"的确，高科技的伟大之处就在于，它蕴含着合法的一夜致富的机会，尽管有无数人失败，但还是有更多人"趋之若鹜"。

　　一夜致富当然有着极大的吸引力。然而，正如《圣经》所言，"被召的人多，选上的人少"。每一年都有数以百万计的资金付诸东流，更不用说全国顶尖人才呕心沥血投入无数工时，结果竟是颗粒无收，那么多竭力闯进天选之国的尝试都失败了。那失败时的哀号，简直是咬牙切齿！

"为什么是我？"失败的创业者哀号着。或许他们更应该问："为什么不是我？"同样，失败的投资者也在问："为什么不是我们？""看看我们的产品，难道它比不上打败我们的对手吗？不，我们的产品甚至更好！你怎么能说 Salesforce 比 RightNow 更好，LinkedIn 比 Plaxo 更好，Akamai 的内容发布网络比 Internap 更好，Rackspace 的云服务比 Terremark 更好呢？"确实不能这样说。事实上，就功能而言，不那么成功的产品可以说是更胜一筹。

失败者闷闷不乐、怨气冲天，他们绝不会默默谢幕离场，一定要报仇雪恨，于是他们便在公司里寻找替罪羔羊，结果找到谁了呢？一如既往，所有的矛头都对准了营销副总。都是营销的错！Salesforce 的营销比 RightNow 做得好，LinkedIn 的营销比 Plaxo 做得好，Akamai 的营销比 Internap 做得好，Rackspace 的营销比 Terremark 做得好。现在，我们竞争对手的营销也超越了我们。营销副总就是罪魁祸首，炒他鱿鱼是便宜他了！

这种事情有损营销职业的声誉，但是比起高管们坎坷的职业道路，更严重的后果还在后头。如果一家高科技公司倒闭了，公司所有人都会遭殃——不管是投资者还是工程师、制造商，不管是总裁还是接待员，都无法幸免。所有为了套现股票期权的加班加点、不眠不休，到头来都是竹篮打水一场空。

　　为什么这家企业会成功，为什么那家企业会失败，其实并没有明显的原因，因此，为新产品、新企业提供融资的资本就会越来越谨慎。随着利率上升，企业估值下降，投资者承受投资风险的意愿也随之下降。同时，华尔街也毫无办法。在高科技股票方面，华尔街早已束手无策。就算华尔街最优秀的分析师用尽毕生所学，他们对高科技股的估值也经常是错误的，而且常常错得很离谱，所以高科技股的波动极大。一家高科技公司的季度预测哪怕有一点下跌，都会导致第二天股价暴跌 30%，这种情况并不少见。连小孩子都会问一句：这到底是怎么回事？

　　然而，还有更严重的后果。美国的全球竞争力构筑在两大基石之上：高科技创新和市场营销。美国的劳动力或原材料成本永远不可能降到最低，所以美国企业必须继续利用处于价值链上游的优势，至少得学会如何按部就班地将高科技产品成功地推向市场。否则，美国企业应对商品全球化冲击的措施将会失效，美国人民的整体生活品质也将遭到严重威胁。

　　高科技营销可谓兹事体大，但是其结果非常不稳定，这尤其让人感到沮丧。特别是在美国，其他商品的营销似乎都成竹在胸。例如在汽车、电子消费品、服装等领域，在生产制造上，美国可能会被其他国家超越，但是在营销上很少会被超越。确实，即便所有商品的生产业务都落入海外竞争者之手，美国的营销人员仍然是向美国消费者推销商品的专家。为什么美国的营销人员未能将同样的营销策略用于高科技领域呢？怎样才能找到正确的营销策略呢？

　　本书的目的就是要详细地解答这两个问题。如果要一个简单的答案，那就是：目前用来开发高科技市场的营销模式只是基本正确，并非完全正确。因此，营销活动尽管在一开始看起来前途一片光明，但是不知道为何总会偏离方向，最终导致销售额远低于预期，这既令人困惑，又让人不安。在这种情况下，管理层迟早会采取非常手段尽力补救。当然，非常手段偶尔也会奏效，结果自然就是一个成功的高科技营销案例。（在撰写总结报告的时候，这些事后经验往往被描述成先见之明。所以，在管理层决定孤注一掷时，公司到底陷入了多么危险的境地，根本就没有人知道。）然而，在大多数情况下，非常手段最终也无济于事，产品最后只能退出市场，公司从此一蹶不振；或者苟延残喘，半死不活，成功的梦想早已放弃，能付得起员工的薪水就已经要谢天谢地了。

　　这些悲惨的结局是完全可以避免的。如今，高科技营销的历史已经足够长，以史为鉴，我们就可以发现当前的高科技营销模式有何不妥，应该如何修正。具体而言，在开发高科技市场的过程中，最危险的时刻就是从早期市场过渡到主流市场这个阶段。早期市场主要由高瞻远瞩者构成，客户数量不多；主流市场主要由实用主义者构成，客户数量非常庞大。早期市场和主流市场之间的"裂缝"经常被人忽视。事实上，这个裂缝非常大，我们将其称为"鸿沟"也毫不为过。任何一份长期的高科技营销计划都必须把跨越鸿沟视为重中之重。只有成功地跨越鸿沟，企业才能创造高科技财富。如果跨越失败，企业就会随之一败涂地。

在过去20年里，我和鸿沟集团、鸿沟研究所、TCG管理咨询的同事目睹过无数家公司在鸿沟时期艰难地维持市场地位。从早期市场向主流市场过渡的确极其困难，具体原因我们将在本书的前几章介绍。好消息是，我们有可靠的指导原则。本书的写作素材是从我们数百个咨询案例中提炼出来的，我们给客户咨询的重点就是帮助高科技产品和公司闯入利润丰富、可持续发展的主流市场。本书介绍的营销模式都经过了反复试验，其有效性已经得到证实。简而言之，这条鸿沟是可以跨越的。

寄居蟹长大之后，需要尽快找到更大的贝壳作为新家，在找到新家之前，寄居蟹很容易被各种捕食者捕食。就像寄居蟹一样，高科技企业在成功跨越鸿沟之后也要尽快找到一个新的归宿。时间非常紧迫，公司的每一个人（不仅仅是营销和销售部门的员工）都必须团结一致，全力以赴，直到成功实现目标。本书的第3～7章详细介绍了高科技企业在危险的鸿沟时期应该遵循的基本原则。我们选取的材料都是关于市场营销的，因为只有营销取得成功，企业才能在市场上赢得领先地位。不过，在结论部分，我也提出了一个观点：要跨越鸿沟，公司上上下下都要做出重大变革。因此，在最后，本书希望企业财务、组织发展、技术研发等领域也能够提出新的战略。

毫不讳言，本书的话题就是市场营销，目标读者就是高科技企业的营销人员。不过，高科技企业也可以看作整个大行业的缩影。从这个角度看，早期市场和主流市场的关系与潮流和趋势的关系并没有什么不同。长久以来，在我们的认知里，市场营销就是挖掘潮流、创造趋势。但是，挖掘潮流的技巧和创造趋势的技巧是互不相容的。所以，在开始话题之前，你首先需要明确营销活动针对的是潮流还是趋势。如果是从潮流开始，经过充分挖掘，发挥潮流的最大作用，然后将潮流转变成趋势，那营销的结果就会好得多。

这听起来仿佛奇迹降临一样稀奇，但在本质上，这确实就是高科技营销要完成的任务。每一个真正的高科技创新产品一开始都只是一个潮流——没有人知道它有什么市场价值或者用途，但是它"优越的性能"却在"三三两两"的早期采用者心中激发出巨大的热情，这就形成了早期市场。

在接下来的一段时间里，其他客户会持续观望，看看后续会出现什么情况，这段时间就是鸿沟时期。如果真的有所进展——营销团队找到一个价值主张，而且目标客户群体能够以合理的价格购买，那么，一个新的主流细分市场就会迅速成形，而且发展速度极快，创始人也会因此变得非常成功。

要实现这个目标，关键在于跨越鸿沟——迅速采取行动拿下一个细分市场，撕开攻占主流市场的突破口。对于高科技企业来说，这是一个破釜沉舟的时刻。因此，高科技企业成为锻造出"鸿沟理论"的熔炉也顺理成章。本书介绍的基本原则也可以类推到其他营销模式。如果普通读者能够耐心地阅读本书介绍的所有高科技营销案例，也一样可以学到很多有用的经验和教训。

关于跨越鸿沟的经验教训，最重要的一条就是：在跨越鸿沟期间，企业必须上下一心，精诚团结，齐心协力。在这一时期，企业应该放弃所谓营销鬼才的创意之举，让普通营销人员充分了解情况，减少分歧，建立共识。在这时，企业不应该耗费金钱追求潇洒华丽的姿态，而应该精心制订计划，谨慎分配资源。也就是说，企业不应该把赌注押在某个辉煌的冒险行动上，而应该凝聚共识，让每个人都集中精力，采取成功概率高的行动，尽可能减少犯错。

因此，本书的作用就是向读者揭示跨越鸿沟时期的营销决策逻辑，让企业管理团队的每一个成员都能够参与到市场开发的过程，或许这就是本书最重要的作用。如果我们的指导原则是谨慎行事而不是哗众取宠，那么，三个臭皮匠肯定胜过一个诸葛亮。如果市场力量是营销策略的指导因素——大部分企业也确实以市场为目标，那么，市场的原则必须让所有市场参与者都了解，而不是像有些时候，只限于少数参透市场奥秘的幸运儿。

因此，《跨越鸿沟》是为了整个高科技行业界而写的书，高科技行业的每一个利益相关者，无论是股东、工程师、营销人员，还是财务人员，都是本书的目标读者。要想安然无恙地跨越鸿沟，所有人必须达成共识，朝着共同的目标奋斗。现在，让我们带着这句话进入第 1 章吧。

第 1 章　高科技营销幻想

1989 年撰写本书时，我以电动车为例，介绍尚未跨越鸿沟的颠覆性创新。当时确实也仅有几个技术狂用替代电源改装汽车。1999 年对本书做大幅修订时，我再次拿电动车举例。那时通用汽车刚发布了一款电动车，其他厂商也纷纷摇旗鼓噪，但是市场并不感兴趣。现在是 2013 年，我们又在讨论电动车市场。这次的焦点是特斯拉，最受瞩目的车型是特斯拉的 Model S 轿车。

先不管酷不酷，我们就假设 Model S 轿车跟其他车辆一样好用，而且还更安静、更环保。现在的问题是：你什么时候会买呢？

技术采用生命周期

技术采用生命周期是帮助我们理解新产品接受程度的模型。根据你对上述问题的回答，我们可以判断你在模型中的位置。如果是"绝对不买"，那你可能很晚才会采用新技术，在模型中称为"落后者"。如果是"等到电动车被证明好用，且配套设施完善再买"，那你可能属于中庸型采用者，在模型中称为"早期大众"。如果是"等到大多数人购买，而且燃油车很不方便的时候再买"，那你可能是一个从众者，属于"后期大众"。如果你想做小区里第一个买电动车的人，那你可能是一个创新者或者早期采用者。

稍后我们再详细讨论以上分类。在那之前，我们要理解这样分类的重要性。如果采用一个新产品，我们就得改变一贯的行为模式，或者改变我们依赖的其他产品或服务，那么，我们对技术采用的态度就变得很重要，至少在营销时必须考虑。这种触发改变的新产品，学界称其为非连续性创新或者颠覆性创新。与之相反的是连续性创新或者持续性创新，也就是正常的产品升级，无须我们改变行为模式。

例如，瓦尔比·派克公司推出更美观的眼镜是连续性创新，因为新产品仍然由镜片和镜框组成，只是看起来更酷而已。福特的Fusion系列推出能跑更多里程的车型，谷歌 Gmail 推出更能兼容其他谷歌应用的版本，三星推出屏幕更大、画面更清晰明亮的电视，这些都属于连续性创新，消费者不必改变行为即可使用。

　　但是，如果三星推出一款 3D 电视，不兼容普通观看模式，得戴上 3D 眼镜才能欣赏 3D 特效，这就是非连续性创新，你得改变以前看电视的方式。同样，如果新版本的 Gmail 应用在安卓版的谷歌 Chrome 笔记本上激活，与大部分基于微软或苹果操作系统开发的应用都不兼容，你得寻找一整套新应用，那这就是非连续性创新。如果福特推出一款纯电动车，或者提高视力用的是激光手术，而不是眼镜，那么你将获得与现有的配套基础设施不兼容的产品。以上例子里的创新，不但要求消费者明显改变行为模式，而且提供辅助产品和服务的配套行业基础设施也必须做出重大调整。正因为如此，这类创新才被称为"颠覆性创新"。

　　在"连续性创新"与"颠覆性创新"之间，还有各种需要消费者或多或少改变行为模式的产品创新。与激光手术不同，隐形眼镜不需要一套全新的基础设施，但是消费者需要改变佩戴眼镜的方式。网络电视不需要戴上特殊的眼镜观看，但是消费者需要具备"数字能力"才能使用。微软的 Surface 平板电脑跟谷歌的 Chrome 笔记本电脑不同，前者能与微软应用程序的安装基础兼容，但是其"磁贴"（tiles）界面要求用户学习一套全新的操作方法。福特的混动 Fusion 车型跟纯电动车型不一样，前者可以利用加油站等现有的基础设施，但是用户也需要学习新方法来启动和驾驶汽车。以上种种，都对消费者提出一定的要求，他们需要适应新的行为模式，就像某些布料要求特殊的清洗方法，自行车在预留车道内行驶，打国际长途要用特别的拨号方式一样。这就是现代化的代价，所有行业迟早都会对消费者提出同样的要求。因此，高科技行业营销的经验教训，将对所有行业都有参考价值。

其他行业极少推出颠覆性创新产品，即便偶尔有之，在推出时也会小心翼翼、诚惶诚恐。高科技企业推出颠覆性创新产品则犹如家常便饭，而且它们对新产品相当自信，犹如手握王牌一般。从诞生之日起，高科技行业便需要一种能够有效推出颠覆性创新产品的营销模式。正因为如此，技术采用生命周期模型才成为整个高科技行业营销模式的核心。（该模型最初源自调查美国农场主采用土豆新品种情况的研究，人们得知这一段与农业的渊源，都觉得很有趣，事实上这个模型已经彻底在硅谷的高科技土壤生根发芽。）

该模型根据新技术产品在使用周期内吸引不同类型消费者的过程来描述该产品的市场渗透程度。

如图 1-1 所示，这是一条正态分布曲线，曲线上的划分大致与标准差所在的位置相同。也就是说，中间的早期大众和后期大众分别位于距离均值一个标准差的区域，早期采用者和落后者分别位于距离均值两个标准差的区域，最左边的区域是新技术的开端，距离均值大约三个标准差，是创新者的位置。

以上各个群体的区分点，在于他们对基于新技术的颠覆性创新的独特反应。每一个群体都代表着一幅独特的心理画像——包括他们在心理和人口统计因素上的特征，这些特征使他们对营销的反应有别于其他群体。认识每一个群体的心理画像及其与相邻群体的关系，是高科技产品营销的重要基础。

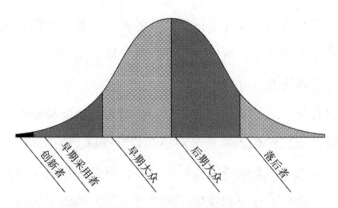

图 1-1　技术采用生命周期

创新者。创新者非常积极地追求新技术产品。有时候，他们甚至在正式的营销计划启动之前就想方设法购买新产品，因为技术才是他们的人生志趣，至于产品功能如何，反而无关紧要。从根本上说，他们对任何根本性的技术进步都很感兴趣，而且通常只是为了探索新产品的性能而购买。在任何一个市场细分领域中，创新者都不多，但是企业应该在营销伊始就去争取他们的青睐，这一步非常重要，因为创新者的支持能够让其他消费者相信新产品是真的好用。

早期采用者。与创新者一样，早期采用者在产品生命周期的早期就开始接受新产品的概念。但是与创新者不同，早期采用者不是技术专家，他们只是善于想象、理解并欣赏新技术的好处，还能够将这些潜在的好处与自己关注的问题联系起来。只要早期采用者发现新产品能够有效地满足他们的需要，他们就会考虑购买新产品。

早期采用者的购买决策并不依赖公认的参考意见，他们更倾向于依靠自己的直觉和想象，所以，能否赢得早期采用者，事关企业开拓任何一个高科技细分市场的成败。

早期大众。跟早期采用者相似，早期大众也能够想象新技术的好处，但是他们的购买决策最终还是建立在强烈的实用主义之上。早期大众知道，世上新奇的发明何其多，但大多数只是昙花一现罢了，所以他们乐于等待和观望，先看看其他人的购买体验。在自己决定花大价钱购买产品之前，他们需要参考大量的用户评价。因为这一群体的消费者数量众多，几乎占整个技术采用生命周期总购买人数的 1/3，所以，企业要想获得巨额利润，实现快速增长，就必须赢得他们的认同。

后期大众。后期大众具有早期大众的所有特点，但二者之间存在一个明显的差异：如果最终决定购买新产品，早期大众是相信自己使用新技术的能力的，但是后期大众并非如此。因此，后期大众会持续观望，直到出现一个成熟的标准之后再决定购买。即便在这个时候，他们还是希望能够得到大量的技术支持。所以，他们往往倾向于购买知名大企业的科技产品。跟早期大众一样，对于任何细分市场，后期大众这一群体也占据总购买人数的 1/3，所以，赢得他们的喜爱意味着巨额的利润，这是因为随着产品的逐步成熟，虽然边际利润逐渐减少，但销售成本也不断降低，而且所有的研发成本几乎已经全部摊销。

落后者。落后者是营销的最后目标。出于各种各样的原因，或者是个人喜好，或者是经济考虑，这部分消费者根本不希望与新技术有任何关系。他们购买新技术产品的唯一可能，是新技术产品深度融合于其他产品之中，让他们在不知情的情况下购买。比如，新车型的刹车系统使用了一个新型的微处理器，他们甚至不知道它的存在。从市场营销的角度看，无论如何考虑，落后者这个群体都不值得重视。

现在，我们来回顾一下技术采用生命周期模型的内在逻辑。该模型的基本观点是：消费者采用新技术的过程是分阶段的，对应不同阶段，存在一个具有共同的心理和人口统计特征的细分群体。技术采用是一个连续的过程，可以明确分为不同的阶段，每一个阶段对应的是一个明确的消费群体，所有消费群体构成了技术采用生命周期，而且每一个群体在整个技术采用生命周期中的比例是可以预测的。

高科技营销模型

技术采用生命周期正是高科技营销模型的基础。根据技术采用生命周期模型，开发高科技市场的方法就是从曲线的左边走到右边，首先关注创新者，壮大创新者市场；然后是早期采用者，扩大这一市场，接下来依次是早期大众、后期大众，甚至落后者市场都可以争取。在此过程中，企业必须以在每个阶段"俘获"的消费者为参照，继续针对下一个群体市场展开营销。因此，创新者的支持便是开拓早期采用者市场的重要工具，早期采用者的支持便是开拓早期大众市场的重要工具，依此类推。

关键是要确保这个过程能够平稳、流畅地进行下去，就像在接力比赛中顺利传递接力棒一样，或者犹如人猿泰山在丛林中从一根藤蔓成功跳跃到另一根藤蔓。一定要维持前进的势头，这样才能创造出潮流效应，自然过渡到下一个群体，使他们产生购买冲动。如果出现停滞，耽搁太久，其效果就像泰山挂在一根一动不动的藤蔓上，哪儿都去不了，只能往下滑落。（事实上，往下滑落还算是一种不错的结果。更常见的情况是试图重新造势的绝望挣扎，一般是采用极为高调的营销形式，就像泰山在藤蔓上狂乱地前后摇摆，企图不借助外力就把藤蔓晃动起来。这样做不但徒劳，而且还会招来竞争对手幸灾乐祸的围观。）

维持前进的势头还有另外一个理由：在下一个新技术出现之前保持领先地位。在过去十年里，台式个人电脑基本上已被笔记本电脑取代，而大部分笔记本电脑也即将被平板电脑取代。在你如日中天的时候，你必须充分把握机会，否则明天你就可能过时了。由此便产生了"机会窗口"这个概念。没有了前进的势头，我们就可能被竞争对手超越，从而失去技术领先地位所独有的优势，特别是中后期的边际利润优势，而高科技企业获得的巨额财富主要源于边际利润。

从本质上说，上面所述就是高科技营销模型——让新产品顺畅地走过技术采用生命周期的所有阶段。这个模型非常有用，特别是对于拥有高科技企业股权的投资者，如果使用得当，你完全可以掌控一个庞大的新兴市场。如果你能第一个到达起点，"紧抓曲线"，一路乘风破浪，率先到达早期大众市场，建立事实上的产品标准，那你就能迅速聚集财富，而且能够在未来很长一段时间内"独享"一个高利润的市场。

成功案例

苹果 iPad 就是充分利用高科技营销模型的典型案例。在 2009 年的 MacWorld 大会上，时任苹果公司首席执行官史蒂夫·乔布斯向世界展示了 iPad，其后第一代 iPad 正式推向市场。iPad 拥有动态触屏界面和华丽的图像显示，一推出就得到了苹果 Mac 电脑爱好者的追捧，上市首日即售出 30 万台。然后，富有远见的企业高层开始将 iPad 作为个人数字助理，特别是用 iPad 发电子邮件，做办公演示，迫使企业的信息主管也只能使用 iPad。后来，最热衷于实用主义的销售主管发现，iPad 非常适合用来向经济型客户做一对一演示，于是整个销售团队也都配备了 iPad。同时，在美国企业界，开会时通过 iPad 保持在线连接已经是一种被广为接受的做法，因为可以把开会所需的电子版材料即时在线发送给与会人员。再后来是孩子们开始使用 iPad，这时 iPad 的用户数量出现了爆发式增长，主要是 Facebook 和其他社交网络用户，还有以互联网为依托的大规模在线教育用户。Facebook 流行起来之后，爷爷奶奶也开始用 iPad 了。一般而言，在电脑产品方面，老年人就算不是落后者，也是非常保守的类型。最后，蹒跚学步的孩子也成为用户，iPad 变得无处不在，就连小猫遇到不能像 iPad 那样互动的屏幕都会感到烦躁。总之，在不到五年的时间里，iPad 已经广泛地融入了我们数字生活的方方面面。这真是非常优秀的营销业绩，如果 iPad 是人的话，五岁的年龄还不够读一年级呢！

苹果 iPad 的巨大成功的确令人瞩目，但其实很多公司也取得了同样骄人的成绩。例如，台式电脑行业的微软、英特尔和戴尔，智能手机行业的高通和 ARM，路由器和交换机行业的思科，企业级商务应用软件行业的 SAP，关系数据库行业的甲骨文，以及激光和喷墨打印机行业的惠普。

这些公司在其主要市场的份额都超过 50%，它们都能够在早期大众市场站稳脚跟，至今乃至未来仍然能实现持续增长和高利润率，而且还是供应商和客户决策时的首选。诚然，有些公司曾在艰难时期陷入困境，比如戴尔，以及没落速度更快的惠普。即便如此，客户也通常愿意给这些曾经的市场巨头第二次机会、第三次机会。这一点会让它们的竞争对手感到愤愤不平，因为这些竞争对手从未得到过如此宽容的待遇。

所以，这些旗舰产品的营销过程与高科技营销模型高度吻合也不足为奇。事实上，这个模型基本上就是从这些成功的营销案例中提炼出来的。因此，进入 21 世纪的第二个十年，高科技营销行业将满怀信心，以这些成功案例为榜样，以高科技营销模型为指引，继续高歌猛进。

当然，要是仅仅依靠这个模型就能取得成功，那你读到这里便足够了。然而，事实并非如此。

幻想与幻灭：曲线上的裂缝

现在，我应该告诉你，高科技营销模型并非完全正确，这一点我们硅谷有很多人都愿意作证。我们之所以认为它有问题，是因为我们的亲身经历：我们都曾经在高科技公司大量持股，如今这些公司要么不复存在，要么估值过度稀释，导致我们手中的股票就算还可以交易，也不可能赚钱了。

虽然最终我们的命运各不相同，但是我们的共同经历基本上可以概括为修订后的技术采用生命周期。

如图 1-2 所示，技术采用生命周期的组成部分保持不变，但是任何两个相邻的群体之间都出现了一个裂缝。出现裂缝的意思是两个群体之间出现了分裂——也就是说，对于任何两个相邻的群体，如果向右边群体推销新产品的方式与向左边群体推销的方式一样，那么，右边群体就很难接受这个新产品。每到一个裂缝时期，营销活动都可能失去前进的势头，错失从一个细分市场顺利过渡到下一个细分市场的时机，因此永远无法到达钟形曲线中部，也就无法实现领先于竞争对手的边际利润。

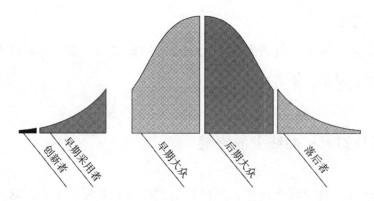

图 1-2　修订后的技术采用生命周期

第一个裂缝

高科技营销模型中的裂缝也可以称为"钟形曲线上的裂缝"，其中有两个裂缝相对来说比较狭窄，即便如此，还是有不够谨慎的企业在这里马失前蹄，落入裂缝之中。首先是创新者与早期采用者之间的裂缝。如果一项热门技术产品不能迅速为用户带来明显的新的好处，第一个裂缝便产生了。比如世界语（Esperanto）字典软件，虽然技术狂热者非常喜欢这款软件的架构，但是除了他们之外，其他人甚至无法弄清楚该如何使用。

以虚拟现实（VR）技术为例。虚拟现实是一项很酷的技术，能够生成自己的标记语言 VRML。但是，除了早期在网络虚拟游戏 Second Life 取得成功之外，虚拟现实技术基本上还停留在趣味实验阶段，后续发展还有待跟进。这里的挑战主要还是技术上的，也就是说，创造真正的无缝体验需要具备像谷歌那样强大的处理能力

（我们的神经元确实是非常挑剔的消费者），这里所需要的研发资金是海量的，小众消费群体的个人预算远远不足以为这类应用提供资金。人们可以想象未来虚拟现实技术会发展成熟，但是现在距离那一天还很遥远。因此，虚拟现实只是技术狂热者的爱好，等到有高瞻远瞩者出现，这项技术才会得到进一步推进。

3D 打印技术也是如此。在 3D 打印技术的激励下，新一代技术狂热者热衷于制造各种物品，形成一股"创客运动"（Maker's Movement）风潮，可以说是 DIY 文化的革新版。在撰写本章之时，3D 打印技术得到了很多媒体报道，但是真正的市场还是非常有限，只是 DIY 技术狂热者的天堂，就像第二代苹果电脑上市之前的家用电脑市场一样，那时候流行自己动手组装，所以希斯工具盒广受欢迎。

这其实是市场开发问题。在赢得技术狂热者的喜爱之后，我们要继续争取高瞻远瞩者的支持。在下一章，我们会看到，要做到这一步，关键是要表明，新技术能够实现某种前所未有的战略性飞跃。对于不懂技术的普通消费者来说，这种飞跃本身就具有价值和吸引力，通常表现为一款让人无法拒绝的旗舰应用，这款应用能够真正体现新产品的魅力和价值。要是营销部门找不到这款旗舰应用，产品市场开发就只能止步于创新者市场，新产品的未来就会从钟形曲线的第一个裂缝直接跌落谷底。

另一个裂缝

钟形曲线中还有另外一个裂缝，位于早期大众和后期大众这两个群体之间，宽度与第一个裂缝相差无几。技术采用生命周期走到这一步，市场已经开发得相当不错，新技术产品也已经被主流消费者接受。目前的重点任务是从早期大众向后期大众过渡，要完成整个任务，最终还是需要终端用户能够学会使用新技术。

简而言之，如果有需要的话，早期大众是乐于而且有能力掌握新技术的，但是后期大众并非如此。一个产品的市场开发到达这个阶段之后，要想继续取得成功，产品必须越来越便于操作和使用。如果做不到，那产品就无法过渡到后期大众阶段。

智能家居、可编程家电、高端摄像头目前都陷入了这种困境，具有呼叫转接、三方会议功能，或者只有呼叫转移功能的很多电话机产品也面临同样的问题。打电话的时候，你是不是经常听到对方说（或者你自己也会说）："如果我按下呼叫转移键，现在的通话可能会掉线，要是真掉了线，你一定要再打过来。"问题是，对于不经常使用呼叫转移系统的用户，呼叫转移的操作程序实在是太难记了。这样一来，用户就干脆不用这项功能，所以成熟市场的公司也越来越难以从研发新技术中获利，因为终端用户无法理解新技术的好处。相反，他们抱怨产品变成了商品，而事实上，被商品化的是产品的体验。这确实是营销部门的错，要是公司把重新设计用户界面的权力也交给营销部门，由他们来控制用户体验，那么他们就更加难辞其咎。

还有其他产品也面临着跌落裂缝的危险，比如扫描软件和项目管理软件。这两个领域中的市场领导者分别是惠普公司和微软公司，它们已经成功地占领了早期大众市场，但后期大众市场中的一些保守者仍然对其产品持观望态度。正因为如此，尽管市场还没有达到饱和，但这两种产品已经陷入危险的停滞阶段。

发现鸿沟

但是，真正值得警惕的不是钟形曲线上那两个裂缝：一个位于创新者和早期采用者之间，另一个位于早期大众和后期大众之间。真正值得警惕的是将早期采用者和早期大众分裂开来的那条深不可测的鸿沟。从早期采用者市场过渡到早期大众市场，这是技术采用生命周期中最可怕、最无情的鸿沟阶段，而且，这条鸿沟通常很难被察觉，所以鸿沟阶段也是最危险的。

鸿沟难以被察觉的原因在于，早期采用者市场与早期大众市场的客户名单和订单规模看起来是一样的。一般情况下，这两个市场都会出现大公司客户，例如《财富》全球 2000 强企业，甚至《财富》全球 500 强企业，它们的订单金额也比较大，至少达到五位数，通常超过六位数，甚至还会更大。但事实上，在这两个市场做销售的基础（也就是直接或间接地向客户做出的承诺和必须交付的东西）截然不同。

早期采用者购买的其实是某种"变革催化剂"（change agent），这一点我们将会在第 2 章详细讨论。早期采用者要率先在业内实施某种变革，希望借此赢得竞争优势，可能是产品成本更低、上市时间更快、客户服务更完善，还有其他方面的比较优势。他们希望新产品能够颠覆既存产品市场，这就是他们所追求的事业，对于既存产品市场的顽抗，他们也做好了准备。与此同时，作为第一个吃螃蟹的人，早期采用者也会愿意容忍创新产品刚上市后难以避免的错误和故障。

相较之下，早期大众想要购买的是针对现有产品的"生产力提升"（productivity improvement），他们希望尽量减少新产品的颠覆性，尽可能保留现有产品的特征。他们想要的是革新，而不是革命。他们希望用新技术改进和完善现有的经营方式，而不是彻底推翻。最重要的是，他们不想调试别人的创新产品，为别人排除故障。当决定采用，早期大众就希望新产品能够正常工作，而且能够与他们现有的技术基础相融合。

以上所述仅仅是表面上的差异，早期采用者和早期大众之间还存在深层次的不同与不相容之处。现在，我要提出两个非常重要的观点：首先，由于存在不相容之处，因此早期采用者并不适合拿来作为早期大众的参照群体。其次，由于早期大众并不愿意打破现有的组织经营方式，因此合适的参照群体将对他们的购买决策产生决定性影响。那么，我们就面临着一个左右为难的局面。事实证明，对于早期大众客户来说，合适的参照群体就只有其他早期大众客户。但是，在咨询多个合适的参照意见之前，没有哪个真正的早期大众客户愿意做出购买决定。

葬身鸿沟

这是怎样一个左右为难的局面呢？因为早期采用者已经接受了产品，所以产品获得了大量的宣传。例如全息图、带笔平板电脑、燃料电池、二维码、大型开放式网络课程（MOOC）等，我们都读过很多关于这类产品的文章，尽管目前的产品确实效果不错，但至今还没有一个产品获得主流市场地位。主要原因在于，这些产品隐含着高度的颠覆性，这是隔在早期大众与这些产品之间的一道坎，而营销部至今也无法消除这道坎。所以，这些产品徘徊不前，只能继续依靠早期采用者市场的收益维持经营，销量无法真正实现腾飞，更不用说跨越鸿沟、获得更大的盈利机会了。

赛格威（Segway）的电动平衡车就是一个典型的例子。你偶尔会在商场或机场看到赛格威电动平衡车，它看起来就像一台竖起来的老式割草机一样，穿着保安制服的人骑着它到处转来转去。它看起来有点笨拙，但是不要被它的外表欺骗了。陀螺仪的平衡控制非常出色，驾驶者熟练掌握后，移动起来也很优雅。赛格威原本希望电动平衡车成为一种通用交通工具。为什么没能实现呢？答案是两个字：楼梯。楼梯就是讨厌的小恶魔，随处可见，但是赛格威并没有找到解决平衡车上下楼梯的好办法。这就是我们所说的"项目中断者"（showstopper）。史蒂夫·沃兹尼亚克（Steve Wozniak）还是能骑着赛格威电动平衡车去打一场热热闹闹的马球比赛，但暂时还没有人能够为我们普通用户找到一个突破性的应用。因此，在可预见的未来，赛格威电动平衡车的命运就是永远躺在鸿沟之中。

对于投资者来说，赛格威电动平衡车是一次昂贵的教训，但是与摩托罗拉公司耗费 60 亿美元巨资开发的卫星移动通信系统"铱星系统"（Iridium）相比，那可是小巫见大巫。当然，从技术狂热者的角度来看，这是多么伟大的构想啊！相比在各地建立数以万计的蜂窝基站——而且仍然无法充分覆盖人口稀少的地区，发射 77 颗低轨道卫星，让通信信号覆盖整个地球怎么样？（而且 77 恰好是铱元素的原子序数，在技术狂热者看来，这是很酷的一个梗，内行人一看就懂。）结果怎么样呢？这一次，问题不是出在楼梯，而是楼房！卫星通信在建筑物内部的使用效果不是很好，而且铱星手机的体积比蜂窝移动手机大得多，还有非常高的登记费用——又是一个"项目中断者"。如今，铱星移动通信技术确实还运用于小众应用，但是这点成功实在是微不足道。要知道，铱星系统最终破产被收购，成交价仅为 2500 万美元。跌入鸿沟确实会让人摔得很痛。

建立早期采用者市场之后，高科技产品营销要向下一个技术采用群体渗透，也就是要过渡到早期大众市场。早期大众市场主要由实用主义者构成，他们的购买决策高度依赖于参照群体和技术支持。但是，在这个过渡时期，这两者都尚未出现，所以高科技产品营销人员实际上处于孤立无援的状态。

这确实是一条难以逾越的鸿沟，很多创业公司一不留神就跌落到鸿沟之中。然而，尽管鸿沟效应已有很多前车之鉴，但高科技营销仍然未能吸取教训，未能做到正确认识和解决鸿沟问题。因此，在本书正式进入正题之前，我想先介绍一则寓言故事。这个故事可以说是高科技创业失败的缩影，希望这个故事能帮助读者更好地认识和理解鸿沟效应的可怕。

寓言一则：高科技公司的故事

一家初创高科技公司终于开始销售产品了，此时发布的产品大多是内部测试版和用户测试版。第一年，新产品的客户群体开始扩大，出现了对技术无比狂热的创新者，还有一两个富有远见的早期采用者。每个人都很高兴。第一年的圣诞节晚会是在公司办公室举行的，大家吃着家常便饭，高举着塑料杯庆祝节日，兴高采烈地展望着未来。

第二年，也就是推出正式产品的第一年，公司得到了更多早期采用者的青睐，其中还有几笔真正的大订单。公司营收也达到了预期，每个人都认为此时公司应该加大投资，风险投资者对此尤其迫不及待，他们说，明年的计划要求公司营收上涨 300%。（是什么让风险投资者得出了这个数字？当然是高科技营销模型！我们不是正处于高科技营销模型中的高速发展期吗？我们可不想在这个节骨眼上将自己的市场份额拱手让给竞争对手。我们必须利用先发优势，在机会窗口迅速采取行动，要趁热打铁！）这一年的圣诞节晚会在一个不错的酒店举行，大家手里举着的是水晶玻璃杯，喝的是上好的葡萄酒，晚会的主题出自狄更斯的小说——"远大前程"。

到第三年年初，公司的销售队伍大规模扩张，销售资料印制和广告宣传活动逐步启动，地区办事处纷纷开业，客服支持也得到了加强。但是，到年中的时候，销售额令人大失所望。又有几家公司下了订单，但那是销售人员磨破了嘴皮子，加上产品大幅优惠降价得来的结果。公司的销售总量远远没有达到预订的目标，而且经营开支的增加大大超过了收入的增长。与此同时，研发工作也严重受阻，公司在早期合同中向客户承诺的一些特定产品项目没有任何进展。

公司迅速召开会议商量对策（年轻企业的管理风格就是参与性超强）。销售人员抱怨说，公司的产品线有很大漏洞，当前交付的产品不仅定价过高，而且经常出现故障，并不是客户想要的东西。工程师表示，公司每一次重大产品发布，他们都按时完成测试，使产品性能达到要求。话音刚落，客服支持人员也忍不住抱怨起来。执行主管对销售团队的工作表示失望，销售团队在联系潜在客户时，应该直接致电层级更高的管理人员，而且销售能力不足，未能把产品的发展前景传达给客户，工作态度也不够积极。到头来，什么问题都没有解决。会后，公司内部的利益小团体开始出现。

第三季度的营收结果出来了——绝对是惨不忍睹。不能再这样下去了，是时候追究一下责任了。由风险投资者组成的董事会首先把矛头指向公司创始人和董事长，创始人和董事长转而把矛头指向分管销售的副总裁，分管销售的副总裁又把矛头指向战壕里的基层销售员工。随后，人事变更开始了，分管销售的副总裁被解雇了。

在这个时候，公司引入了"真正的管理人才"。同时，公司需要更多融资，这将会严重稀释头一批投资者的股权，尤其是创始人和关键技术人员的股权。一个或几个创始人提出反对意见，但是被置之不理。六个月过去了。真正的管理人才也只是五十步笑百步而已，关键人物甚至临阵脱逃，离开了公司。在这个时候，公司寻找管理顾问来解决问题，人事变更又开始了。投资者认为，现在公司真正需要的是一个能够扭转乾坤的营销大师。新一轮人事变更之后，很多员工被解雇了，就这样继续折腾下去。但是，每一场闹剧总会有落幕的时候。到那时，又一家摇摇欲坠的高科技企业加入了硅谷黄昏公司——僵尸企业的行列，这些企业就像僵尸一样。僵尸企业并非真正活着，但是由于风险投资会计的巧妙设计，它们甚至无法选择有尊严地死去。

当然，这个寓言故事有可能言过其实了——以前我也遭到类似的指责。但是，毫不夸张地说，每一年都有数以百计的高科技创业公司倒闭。虽然它们拥有良好的技术和产品，而且一开始就从市场上得到可观的回报，但最终还是失败了。原因在于：

故事里这家公司的员工看到销量增加，便以为销量会顺畅地"沿着曲线一直向上"，实际上那只意味着出现了我们所称的"早期市场"，这并不是主流市场出现的信号。这家公司之所以会失败，原因就是公司管理者没有意识到，针对早期采用者的销售策略与针对早期大众的销售策略存在根本差异。即使订购产品的是同一家公司，在不同的市场阶段，销售策略也应有所不同。所以，在进入鸿沟阶段的危险时刻，领导者却对发展目标好大喜功，而不是脚踏实地；在扩张项目上耗费巨资，而不是节约资源。在这个紧要关头，公司更应该节省资源，谨慎地制订公司的发展计划。

所有这一切的根源在于我们对高科技营销抱有幻想。高科技营销模型让我们相信：新市场的开发过程是连续、顺畅的。为了避免跌入鸿沟，我们需要进入一种新的认知状态——重新认识高科技营销。为此，我们要深入分析技术采用生命周期各个阶段的动态关系，在此基础上弥补高科技营销模型的缺陷，为高科技企业制定营销战略提供切实可靠的基础。

第 2 章　高科技营销启蒙

> 见山只是山，
>
> 见山不是山，
>
> 见山还是山。
>
> ——佛禅箴言

加利福尼亚州有什么特别的魅力？美国有哪个州能如此成功，却又如此奇怪？我自己来自俄勒冈州，一个非常正常的地方，那里经济繁荣，形势喜人，很多人以打鱼、伐木等工作为生，不像加利福尼亚州那样到处是高科技疯子。我从来没有想过我会搬到南方，而且写一本书建议你拿出一百万押在一句佛禅箴言上——别急，读下去你就知道是怎么回事了。加利福尼亚州真是把我带坏了呀！

如果你真的要冒险，想把时间和金钱投资于高科技行业，那你一定要记住高科技市场的发展规律。下面的箴言可谓道出了其中的真谛：

> 见市场只是市场……这是早期市场，由满怀激情、富有远见的创新者和早期采用者构成，往往得到大量的资金支持，致力于实现宏伟的战略目标。
>
> 见市场不是市场……这是鸿沟时期，在此期间，早期市场仍在努力消化野心勃勃的创新产品，而主流市场则选择等待，看看新产品是否真的具有吸引力。
>
> 见市场还是市场。如果一切顺利，产品和公司都能安然无恙地渡过鸿沟时期，然后就会出现主流市场，由早期大众和后期大众构成。有了他们，你才能真正有机会实现快速增长，赢得巨额财富。

要收获主流市场的丰厚回报，你的营销战略必须能够应对以上三个阶段可能出现的所有挑战。无论在哪一个阶段，成功的关键都在于集中力量了解和领会当前细分市场的心理特征，及时地调整营销策略和方法，最终拿下占主导地位的"技术采用类型"。本章的目标就是告诉你如何做到这一点。

基本原则

不过，在进入正题之前，我们需要先确立一些基本原则。想要得到启发，前提是要掌握显而易见的道理。在这里，我们首先要给

"营销"这个词取一个实用的定义。所谓实用，意思是可以采取行动。我们必须采取行动来提高企业收入，那么，在营销的概念中，我们能否找到合理的行动依据呢？毕竟，指导你采取行动才是本书的写作目的。

在此背景之下，为营销下定义其实并不是一件非常困难的事情。营销，就是采取行动来创造、发展、维持或者捍卫市场。至于市场是什么，我们稍后再谈，但是首先你要知道市场是真实存在的，而且独立于任何一个个体的行动。因此，营销的目的就是开拓并且塑造一个真实存在的市场，而不是创造虚假的幻觉，虽然人们有时候还是一厢情愿地认为是后者。换句话说，我们正在讨论的是一门更类似于园艺或者雕塑的学科，而不是喷画艺术或者催眠术。

当然，从这个角度谈营销，只是把定义营销的责任甩给了"市场"。根据高科技行业的特点，我们把高科技市场定义为：

- 一群现有或者潜在的客户；
- 面对一系列特定的产品或者服务；
- 具有共同的需求或者渴望；
- 在做购买决策时会互相参照。

人们凭直觉就能够理解上面的定义，除了最后一点。但遗憾的是，准确理解定义的最后一点才是高科技营销取胜的关键。也就是说，关于高科技市场的定义，最重要的一点就是客户在做出购买决策时往往会互相参照。所以，我们要尽可能把这个问题讲清楚。

　　如果两个人因为同样的原因购买了同样的产品，但是他们不可能参考对方的意见，那么这两个人就不属于同一个市场。也就是说，如果我把一台示波器卖给波士顿的一名医生，这名医生要用这台机器监测患者的心跳，然后我把一台示波器卖给了刚果（金）的一名医生，而且这台示波器也要用来监测患者的心跳，但是这两名医生之间并没有任何相互沟通的基础，那么，在这种情况下，我面对的就是两个不同的市场。同样，如果我把示波器卖给波士顿的医生之后，又把示波器卖给这位医生隔壁的一位研究声呐装置的工程师，那么，在这种情况下，我面对的也是两个不同的市场。在这两个例子中，我之所以说是不同的市场，是因为例子中的两个客户不可能互相参照。

　　在不同的情况下，这个观点有时可能显而易见，但有时也可能令人生疑。还是示波器的例子，难道我们不可以说"示波器市场总归是存在的吧"？答案可以是肯定的，也可以是否定的。如果你用"市场"一词（我更希望你用"类别"（category）这个词），那么"市场"所指的就是示波器的销售总量，既包括过去的销量，也包括未来的销量。如果你就想用"市场"来表达"类别"的意思——假设你是一名财务分析师，这也并没有什么不妥，但是你要明白，你只是将两种性质不同的东西的销量（也就是卖给医生的销量＋卖给工程师的销量）加在一起得到销售总量而已，而且这样做会让你对数据产生严重的误解。最重要的是，如果你这样来定义市场，那它就不再是单一的、可以区分的行动对象，也不再是一个可以对其采取行动的单一实体，因此也就无法成为营销活动的焦点。

对于这个问题，很多营销专家的解决办法是将"类别"分解成可以区分的"细分市场"。"细分市场"这个词也蕴含了自我参照的意思，符合我们对市场的定义。当营销顾问把市场细分研究报告卖给客户时，其实他们所做的就是在现有销量与潜在销量相加的总销量范围之内把自然市场的边界打破。

营销专家之所以坚持做市场细分，是因为他们知道，如果客户群体互不参照，那么，无论多么高明的营销方案都无法实施。道理很简单，营销方案就是要依靠影响力（leverage）发挥作用。没有哪家公司有能力承担每一次营销接触的费用。事实上，每一项营销方案的实施都必须依靠某种持续的连锁反应，也就是通常所说的口碑营销。细分市场的自我参照程度越高，传播渠道越封闭，出现连锁反应的机会就越大。

基本原则就先介绍到这里。我们对市场的最终定义还包括其他要素，其中主要是"整体产品"的概念，我们在后面的章节再做讨论。现在，我们先把截至目前所学的知识运用起来，分析一下高科技营销的三个阶段。第一个阶段是早期市场。

早期市场

新技术产品的初始客户群体主要由创新者和早期采用者构成。在高科技行业，创新者通常被称为"技术狂热者"，或者简称"技术狂",而早期采用者则通常被称为"高瞻远瞩者"。在早期市场,最终拍板决定购买新产品的人是后者,也就是高瞻远瞩者。但是首先认识到新产品具有巨大潜力的人是技术狂热者。因此,高科技营销开发要从这些技术狂入手。

创新者:技术狂热者

一般来说,率先采用任何新技术的人都是因为真心欣赏新技术。如果你年纪比较大,是看着迪士尼的卡通漫画《米老鼠和唐老鸭》长大的(这样的人越来越少了),漫画里的角色吉罗(Gyro Gearloose)很有可能是你认识的第一个技术狂热者,或者,如果你接受过古典教育,那可能是发现浮力定律的古希腊学者阿基米德,他看到浴盆里的水溢出来,突发灵感想通了浮力定律,于是连衣服都不穿就跑到街上,边跑边大叫"我找到了";或者是古希腊神话中建造克里特迷宫的建筑师代达罗斯,他还制作了一对翅膀,用它可以飞出迷宫(只要不太靠近太阳);又或者,如果你更喜欢电影和电视,那可能是一些更耳熟能详的例子,比如电影《回到未来》中的布朗博士,《星际迷航》中的生化人 Data,或者电视剧《基本演绎法》中的夏洛克·福尔摩斯。"创新者""螺旋桨头""书呆子""技术狂"——我们有很多词来描述这个群体,尽管他们往往比较内向,但如果你也喜欢谈论技术方面的话题,那他们也是很让人愉快的伙伴。

当你推出一个新技术产品时,最先发现其架构之美的人,就是技术狂热者，因此他们也懂得为什么你的产品相比目前市场上其他产品更具有竞争优势。他们会花上几个钟头研究故障产品，直到产品能够正常工作为止。当然，这样的残次品本就不应该放到市场上出售。即便是乱到不知所云的产品说明书，慢到地老天荒的运行速度，缺到莫名其妙的产品功能，笨到无以复加的功能调用方式，他们都可以原谅，因为他们真正想要的，从来都只是推动技术进步。他们是伟大的技术评论家，因为他们真的在乎技术进步。

我们来看看高科技产品的例子吧。在高科技产品刚刚推出之时，其价格往往居高不下，比如高清电视、家庭网络解决方案和数码相机，在刚刚上市的时候，这些产品的价格都远超过 1000 美元，但是技术狂热者都会不惜高价购买。他们感兴趣的是炫酷的新技术，比如语音合成、语音识别、互动多媒体系统、神经网络、硅基生命，以及曼德勃罗集合（Mandelbrot sets）下的混沌建模。就在我写下这个句子的这一刻，他们可能正在用信用卡登录亚马逊的云计算服务平台，验证亚马逊公司最新的 SETI 假说。

有些时候，技术狂热者也会扬名天下——通常是因为发明了一项有利可图的产品。在个人电脑领域，比尔·盖茨（Bill Gates）就是这样创业起家的。不过，他也可能主动放弃了技术狂热者的身份，因为他为了成功变得越来越"不择手段"。网景公司创始人马克·安德森（Marc Andreessen）还在努力保持技术狂热者的角色，虽然他看起来也越来越像生意人。但是，互联网最初的那一批忠诚拥护者始终保持着技术狂热者本色，例如 Perl 脚本语言的发明者拉里·沃尔（Larry Wall）、阿帕奇（Apache）服务器的联合创始人布莱恩·贝伦多夫（Brian Behlendorf）以及 Linux 操作系统的创始人林纳斯·托瓦兹（Linus Torvalds）。

不过，我个人最欣赏的是一个叫戴维·里奇曼（David Lichtman）的家伙。20 世纪 70 年代末 80 年代初，我在兰德公司信息系统部门工作的时候曾经与他共事。早在没有人把个人电脑当回事的时代，戴维就给我展示过他自己组装的一台电脑，甚至还配备了外围设备：语音合成器。这台组装电脑就放在他的工作台上，旁边还有一个用微型处理器驱动的小盒子，这是他发明的又一杰作，用来帮他填写时间表。如果你到戴维的家里看看，你会发现他家里到处都是相机、声音设备和各种电子玩具。上班的时候，如果有人想知道哪个神秘又复杂的系统是如何运作的，来问戴维就对了。他就是一个名副其实的技术狂热者。

在商业领域，技术狂热者是新技术的把关人。他们不但有兴趣了解新技术，而且他们也是大家公认的有能力测评新技术的人。因此，他们是通往高科技营销成功之路的第一把钥匙。

无论是作为消费者群体，还是作为影响企业购买决策的主要力量，技术狂热者对新产品的要求比其他任何群体都要少，但是你也不能因此忽略了他们重视的问题。首先，他们想要的是事实，不掺杂任何噱头的事实。这是最重要的问题。其次，无论何时何地，只要遇到了技术方面的问题，他们都希望直接联系对新产品最了解的技术专家，由他们来解答疑问。从管理者的角度来看，直接联系技术专家的要求可能不太合理，所以你会拒绝或者限制客户跟技术专家联系。但是，永远不要忘记，这种要求是存在的。

再次，他们希望第一个拿到最新科技产品。在保密前提下，通过跟技术狂热者合作——他们通常都会严格遵守保密承诺，你可以在设计周期之初得到高质量的反馈，同时还可以培养一批忠实支持者，他们不但能影响公司同事的购买决策，而且还能影响市场上的其他客户群体。最后，他们希望能够以低廉的价格购买新产品。有时候，可能是因为预算有限，但是，本质上这是观念问题——他们认为，所有技术都应该免费，或者仅以成本价出售，"附加值"这样的说法对他们来说毫无说服力。由此可以得出一个重要的结论：如果他们要花自己的钱购买，那你就得让产品尽可能便宜，好让他们买得起；如果他们不必花自己的钱购买，那你就得想办法，不要让他们关心价格问题。

在大公司里，技术狂热者往往出现在高端技术小组，或一些类似的技术部门，他们的任务就是追踪高科技行业的最新进展。无论市场上出现什么样的高科技产品，他们都有权购买至少一份，目的就是研究新产品的特性，看看是否对公司有用。在小公司里，由于没有如此奢侈的预算，技术狂热者很可能就是 IT（信息技术）部门指定的"技术员"，或者是产品设计团队的成员。他们有权决定是否把你的新产品纳入公司的技术系统，或者将其作为技术辅助工具配备给团队的其他成员。

要找到这些技术狂热者，你得把产品信息发布在他们经常出没的地方——网络。直效广告的效果也很不错，因为他们是最有可能主动索要产品资料的群体，比如索取宣传材料，或申请免费测试版和参加在线讨论会，或者你可以提供的任何东西。千万别浪费时间制作花里胡哨的形象广告——在他们看来，一切形象广告都是营销炒作。你也可以通过直邮广告直接把产品信息传送给他们——只要是最新的真实信息，他们就会认真地从头读到尾。

总之，只要你①拥有最新、最好的技术，②不需要赚很多钱，那么，与技术狂热者做生意是很容易的事情。任何一项技术创新产品都会存在一小部分这样的技术狂热者，他们都想试用产品，看看新技术行不行。即便如此，在大部分情况下，技术狂热者的影响力并不足以决定其他群体的购买决策，他们本身也无法构成一个大规模的市场。相反，他们只是回音板或试验台，用来测试产品或服务的初始功能，或者修正产品或服务的漏洞，直到彻底"调试"完成为止。

举一个简单的例子，在《追求卓越》一书中，作者汤姆·彼得斯（Tom Peters）和罗伯特·沃特曼（Robert Waterman）讲述了3M员工发明即时贴的故事。这位发明者把即时贴放到秘书的办公桌上，有些秘书会试用一下这个新产品，想看看能不能起作用，或者如何起作用。试用过即时贴的秘书变成了即时贴的技术狂热者，而且在即时贴的早期营销活动中起到关键作用，让即时贴这个产品理念得以延续。

技术狂热者就像火种一样：他们的作用就是引燃大火。我们要珍惜他们，就像珍惜火种一样。珍惜他们的方法就是让他们了解产品内情，让他们试用产品并提供反馈意见，只要情况属实，就按照他们的建议改进产品，而且还要让他们知道自己的意见已经得到采纳。

还有一点很重要：你要找到那些能够接触大老板的技术狂热者，与他们一起合作，才能在高科技营销活动中取得成功。大老板就是最后拍板购买决策的人，他们代表着非常重要的营销机会，因为他们不仅自己购买，而且还能影响其他客户购买。那么，我们需要寻找什么样的大老板呢？让我们继续往下看。接下来，我们将介绍技术采用生命周期的第二个客户群体：早期采用者。在高科技行业，早期采用者也经常被称为高瞻远瞩者。

早期采用者：高瞻远瞩者

高瞻远瞩者是一种罕见的人才。他们洞察秋毫，能够从新兴技术中找到战略机遇；他们天赋异禀，能够把洞察到的先机转化为高知名度、高风险的项目；他们号召力非凡，能够激励公司全体成员对项目深信不疑、全力以赴。他们是高科技产品的早期采用者。他们可动用的预算动辄高达数百万美元，他们就是高科技企业潜在的风投资本来源。

美国第 35 任总统约翰·肯尼迪（John F. Kennedy）宣布启动美国太空计划的时候，他展现出了一位高瞻远瞩的美国总统该有的样子，美国已经有段时间没有遇到这样的总统了。亨利·福特

（Henry Ford）实行流水线作业，大批量生产汽车，让美国的每个家庭都能买得起汽车，他便成为美国商界最负盛名的高瞻远瞩者。史蒂夫·乔布斯从施乐公司的帕洛阿图研究中心（PARC）把图形界面技术带出实验室，运用到"给大众使用"的 Macintosh 个人电脑，虽然在商业上未能成功，但是推动了整个计算机产业开始接受新的用户界面，他也向世人证明，他的确是一个不容小觑的高瞻远瞩者。

高瞻远瞩者往往是刚刚得到提拔的高管，他们同属于一个阶层，干劲十足，而且心怀梦想，充满激情。他们梦想的核心是一个商业目标，而不是技术目标，这涉及如何使他们的行业或者客户的业务开展方式有一个质的飞跃。同时，他们的梦想也包括获得对他们个人的高度认可和奖励。只要理解了他们的梦想，你就会知道应该如何向他们推销。

再举一些高科技领域的例子吧。美林（Merrill Lynch）的高管哈里·麦克马洪（Harry McMahon）决定让公司的一万名销售人员使用 Salesforce.com 的云端销售自动化系统，而当时 Salesforce.com 并没有其他大型企业客户，他的决定就是一个高瞻远瞩者的决定。沃尔玛的全球副总裁琳达·迪尔曼（Linda Dillman）决定安装 Symbol 公司的 RFID 系统，让沃尔玛每一家门店的所有库存都实时可见，她的决定就是一个高瞻远瞩者的决定。网飞公司的首席执行官里德·哈斯廷斯（Reed Hastings）决定将公司的全部计算业务外包给亚马逊的弹性计算云（Elastic Compute Cloud，EC2），他的决定就是一个高瞻远瞩者的决定。宝洁公司高管特德·麦康奈尔（Ted McConnell）决定使用 Audience Science 的广告支出管理系统来管理宝洁全球所有的数字广告，他的决定也是一个高瞻远瞩者的决定。在以上所有例子中，为了使生产力和客户服务实现突破性提升，每一位决策者都冒着巨大的商业风险采用当时未经证实的新技术和（或）新企业。

这正是问题的关键所在。高瞻远瞩者追求的不是小小的改善，而是根本性的突破。只有能带来根本性突破，实现高瞻远瞩者的梦想，技术的重要性才能体现出来。如果这个梦想是消费者无信用卡购物，那就需要有移动设备的电子钱包和近场通信技术。如果这个梦想是在全球范围内免费提供优质教育，那就需要有斯坦福等高等学校提供的 MOOC，也许还需要可汗学院等机构提供的材料。如果这个梦想是提供近乎无限的移动计算能力，而且只需要偶尔更换电池，那就需要有像谷歌眼镜那样的技术。如果这个梦想是提供个性化医疗，使药物与个人代谢情况相匹配，从而大幅提高治疗成功率，那么很可能需要利用 CardioDx 或 Crescendo 等公司的分子诊断技术。关键在于，高瞻远瞩者与技术狂热者不同，他们关注的价值不在于技术本身，而在于借助这种技术能够实现的战略飞跃。

高瞻远瞩者之所以能推动高科技产业向前发展，原因就是他们能够挖掘出潜力巨大、能够带来可观回报的投资项目，而且他们也愿意承担高风险来推行这些项目。高瞻远瞩者的合作伙伴既包括资金很少或根本没有资金的供应商，在刚开始的时候，其产品还只是白板上的图画；也包括深藏不露的技术大师。他们知道自己正在远离主流市场，而且他们认为，这是超越竞争对手必须付出的代价。

由于能够洞察新技术的巨大潜力，高瞻远瞩者是技术采用生命周期中对价格最不敏感的群体。一般来说，他们的预算都非常充足，有权为实施一项战略计划调配大量资金。这就意味着他们常常可以提供预付资金，支持有助于自己项目的技术开发——因此，他们也是高科技研发资金的一个重要来源。

最后，除了为高科技产业提供大量资金支持，高瞻远瞩者还可以有效提醒商界及时关注相关技术进展。他们这个群体热情外向，而且野心勃勃，他们非常乐于充当其他客户的参照群体，由于他们知名度非常高，所以能够吸引商业媒体和更多客户关注羽翼未丰的新兴小企业。

高瞻远瞩者也是一个购买群体，向他们推销产品倒是很容易，但是要想真正取悦他们，那是相当困难的。因为他们购买的是一个梦想——在某种程度上，这个梦想将永远只是梦想。这个梦想需要众多技术融合在一起才能"化身"为现实，但是在项目开始之初，很多技术还不成熟，甚至尚不存在。所以，每一项工作都顺利到位，不出一点差错的可能性是非常小的。尽管如此，买卖双方还是可以在坚持两个重要原则的基础上取得成功。

首先，高瞻远瞩者喜欢项目导向的工作模式。他们希望从试点项目开始。这样做是有道理的，因为他们要探索的是一片前人未曾到过的处女地，而你将与他们一起前行。接下来是更多的项目工作，分阶段扎扎实实向前推进，各阶段要设定里程碑式的目标等。高瞻远瞩者的想法是要紧跟技术开发这趟列车，确保它的行驶方向是正确的，当发现它偏离自己设想的方向，他们也能够马上下车。

站在客户的立场，项目导向的确很合理，但是项目导向往往与创业型供应商的意图相矛盾，它们希望创造一款普遍适用的产品，这样它们才能打造覆盖多个客户市场的业务。在此矛盾之下，结果可能会出现双输，既威胁到供应商的工作质量，又不利于建立良好的合作关系。要避免出现双输局面，客户管理必须做得十分精细，在执行层面保持频繁接触和沟通。

双赢的策略就是想办法让供应商在合作项目的每一个阶段所交付的成果都能够"产品化"。也就是说，对于高瞻远瞩者而言，项目第一阶段交付的成果只有微不足道的价值（只是证明概念可行，对生产力有一点提升作用，但是还不是他们最终想要的"愿景"），对于目标不是那么宏大的人来说，同样是这些成果，经过重新包装，可能就是相当不错的整体产品。例如，一家高科技公司正在研发一款面向对象的综合软件工具包，功能十分强大，用户可以利用软件创建系统来模拟整个制造工厂的运作，让工厂的生产调度和处理效率都实现数量级的改进。这个项目的第一个交付成果可能只是一台铣床的操作及其环境的模型。在高瞻远瞩者看来，这个模型只是整个项目的一个阶段成果。但是，铣床制造商可能会认为，这个模型已经是一个非常理想的延伸产品，只要再做少量改动，它们就愿意付钱购买授权许可。所以，项目的阶段划分十分重要，必须精心设计，使每个阶段都能做出里程碑式的交付成果，能够衍生出有价值的产品。

高瞻远瞩者的另外一个重要特征就是急于求成。在他们看来，未来就是一个个机会窗口，而且他们认为，机会窗口正在关闭。所以，他们通过施加最后期限压力（利用胡萝卜加大棒政策——在最后期限之前完成任务就能够获得丰厚的回报，否则就会受到惩罚）推动项目快速发展。这样做只会强化企业家的典型毛病——贪功好胜，过于相信自己在指定期限内的执行力。

问题的关键还是在于客户管理和执行限制。目标应该是综合考量所有阶段的任务，使每个阶段都满足以下三个要求：

1. 普通员工的日常工作能按时完成；

2. 能够让供应商得到一个可以上市的产品；

3. 能够让客户看到切实的、称得上重大突破的投资回报。

最后一点非常重要。让高瞻远瞩者绝对满意几乎是一件不可能的事情。他们梦想很大，所以期望值也非常高，根本无法达到。这不是说要贬低梦想的价值，如果没有梦想，推动人类社会进步的力量就没有了方向。重要的是，我们要赞扬每个阶段取得的成果，虽然距离最终目标尚有距离，但那是实实在在的进展，本身就具有实用价值，预示着新市场秩序的到来。

根据以上内容，我们可以得到一个很重要的原则：要重视期望值管理。控制高瞻远瞩者的期望值至关重要，跟他们做生意只有一个切实可行的方式：借助一支小规模、高级别的直销队伍。在销售周期的开始阶段，你需要这样一支队伍来了解高瞻远瞩者的远大目标，并让他们相信你的公司可以帮助他们实现目标。在销售周期的中间阶段，你开始适应高瞻远瞩者的工作议程，这个时候你需要灵活调整自己的职责。在销售周期的最后阶段，你需要非常谨慎地进行谈判，既要让他们对远大目标充满希望，又不至于向他们承诺一些在期限内无法完成的任务。以上这些工作，只有成熟老练的销售代表才有能力帮你完成。

至于如何找到高瞻远瞩者，我们发现，他们不太可能有固定的工作职位。不过，要想真正有所作为，他们必须至少达到高级副总裁级别，从而有足够的影响力为自己的远大目标融资。事实上，在沟通方面，一般不是你找他们，而是他们找你。更为有趣的是，他们之所以能找到你，是因为他们跟技术狂热者保持了良好的关系。这也是占领技术狂热者市场非常重要的原因之一。

总之，高瞻远瞩者代表了产品生命周期初期的一个重要机遇，把握好这个机遇，就能实现收入激增，还能获得万众瞩目的知名度。当然，这个机遇是有代价的——高瞻远瞩者是要求极高的客户，他们会希望直接影响你公司的优先事项，让你承担高风险的项目，可能会以失望告终。但是，如果缺少了他们的推动，很多高科技产品根本不可能进入市场；即便能够进入市场，也无法在机会窗口期之内获得足够的知名度；即便获得了足够的知名度，在等待产品市场缓慢成长的关键时期，公司也会因为资金短缺而无法维持日常运营。在这种情况下，正是高瞻远瞩者给了高科技公司第一次续命的机会。在制订营销计划的时候，虽然把他们考虑在内是很不容易的，但若是没有了他们，营销计划就更加难做了。

早期市场的动态发展过程

早期市场的出现需要具备几个因素。首先是创业公司拥有一款突破性技术产品，能够实现功能强大的新应用；其次需要有一个技术狂热者，能够评估和推崇该产品相对于其他现有产品的优越性；最后要有一个"不差钱"的高瞻远瞩者，能够预见采用新产品可能带来的数量级改进。随着产品市场萌芽，创业公司开始在技术狂热者群体传播新产品的早期版本，同时把自己的远大目标分享给高瞻远瞩的企业高管。然后，创业公司邀请企业高管去检验技术狂热者心仪的新产品，证实远大目标确实可以实现。在多次交流之后，彼此开始进入谈判阶段。经过协商，技术狂热者可以购买比他们想象中的更多的相关产品，这部分资金在当时看起来是很大的一笔钱，但他们后来会发现这只是冰山一角，后续需要的资金更是天文数字。创业公司承诺修改产品，还同意增加系统集成服务。高瞻远瞩者有了一个看似切实可行的项目，但实际上是一个不太可能实现的梦想。

到这个时候，早期市场的序幕才正式拉开。这是一种很好的状态，说"好"的原因在于，虽然存在很多棘手的问题，但是这些问题可以通过某种方式得到解决，而且随着问题的解决，还可以创造一定的价值。如果早期市场以不正确的方式打开，那就可能出现无数种糟糕的状态。下面就是一些例子。

第一个问题：创业公司完全没有将产品推向市场的专业知识。具体而言，公司筹集的资金不足，雇用的销售和营销人员经验不足，选择错误的分销渠道销售产品，在错误的地方以错误的方式开展推销活动。总之就是把事情搞砸了。

要纠正这种状况看似很难，其实并非如此。只要参与新产品开发的所有人员保持相互沟通、通力合作，每个人都愿意将自己的期望值降低几个档次，那解决问题就比你想象中的简单得多。

成功的改革需要基于以下原则：要在营销上取胜，就要做池塘中最大的鱼。如果我们只是一条小鱼，那我们就必须寻找一个非常小的池塘，一个适合我们规模的目标细分市场。正如我们之前也指出的那样，要想称得上一个"真正的池塘"，它的成员必须意识到自己属于一个群体，也就是说，它必须构成一个自我参照的细分市场，这样，当我们选择其中一些成员建立起领导地位时，他们就会迅速把消息传给其他成员，而且不需要耗费太多成本。

当然，我们在短期之内能够占领的"池塘"，无论规模有多大都不够大，从长期来看，都不足以构成一个可持续发展的市场。我们迟早要向邻近的"池塘"开拓更为广阔的发展空间。或者换一个比喻，我们以"保龄球"战略来重构我们的营销战术。就像打保龄球一样，我们盯准某个细分市场，不仅仅是因为能够"击中它"，而且还因为"击中它"将有助于继续攻破下一个目标细分市场，从而实现市场扩张。只要出球角度正确，就能引发速度和规模都相当惊人的连锁反应。所以，即使在情况很不乐观的时候，自己也不一定会出局。

第二个问题： 创业公司还没有完全把产品做出来，就已经卖给了高瞻远瞩者。这是著名的"雾件问题"的一种类型，也就是预先宣布和预售一个仍然存在重大研发障碍的产品。最好的情况是，创业公司成功获得几个试点项目，但是由于项目进度持续落后，高瞻远瞩者在公司的地位被逐步削弱，最终撤回了对项目的支持。尽管已经为定制产品做了很多工作，但是没有形成有使用价值的客户参照。

一旦陷入这种状况，创业公司就只有一条路可以走，而且是一条让人很不高兴的路：停止一切营销活动，向投资者承认失误，并集中全部力量将当前的试点项目变成实际上能用的东西——首先是向客户交付的成果，最终做成一个适销对路的产品。

在莫尔达维多风险投资公司（Mohr Davidow）投资的众多公司里，有一家在应对上述状况时表现得非常出色。这就是开发客流统计系统的高科技企业 Brickstream。这家公司拥有利用人工智能从视频中提取信息的技术。在互联网上，网络零售商通过计算点击量可以清楚地看到店铺客流量，Brickstream 承诺，采用他们开发的客流统计系统，实体零售商也可以做到，而且同样精准。第一代客流统计系统的销售非常成功，但事实证明，该系统操作起来很困难，而且成本居高不下，让人难以接受，性能也很差。虽然销售做得很成功，但是到头来所有客户都无法成为参照群体。对于Brickstream 来说，那真是一段黑暗的时期。

随后，公司更换了管理团队。在新管理团队的带领下，公司打了一个漂亮的翻身仗。它采取的第一个行动就是重新聚焦一个非常简单的问题——统计每天进店的人数，并且要比现有技术更好、更快、更便宜。这与他们之前所承诺的戏剧性影响完全不同，但这是一门真正的生意，而且有利可图。从那以后，他们最终开发出了非常厉害的摄像头技术，能够真正实现他们想要的高性能，运用到了收银台的排队管理中，并且绑定到职工管理系统，确保员工准时到岗。最近，他们又增加了更多的摄像头技术和分析技术，进一步拓展到安保和库存保护应用——这一切都建立在谨慎管理、现金流良好的业务基础上。毫无疑问，该公司确实失去了最初的市场窗口，但幸运的是，零售和电子商务领域的最新发展正在创造第二个可以利用的窗口。

第三个问题：创业公司跌落到技术狂热者和高瞻远瞩者之间的裂缝之中，因为未能为新产品找到一个功能强大、能够带来数量级收益跃升的应用，或者它找到了，但是未能向市场阐明。很多公司会购买新产品来做测试，但是从未将其纳入主要系统推向市场，因为这样做能得到的回报远远比不上需要承受的风险。由此而造成的收入不足就会导致项目失败，公司要么彻底关停项目，要么将其技术资产出售给另一家企业。

　　我们可以采取补救措施。首先要重新评估我们的产品。如果它确实不是什么突破性的产品，那么它就不可能为企业创造一个早期市场，但是它或许可以作为现有主流市场的互补产品。如果事实果真如此，那么正确的做法就是放低姿态，降低财务预期，向当前主流市场的企业寻求帮助，因为主流市场企业可以通过现有的销售渠道将我们的产品推向市场。作为全世界规模最大的软件公司之一，美国联合电脑公司（Computer Associates，现在叫 CA Technologies）基本上就是依靠再次销售其他公司抛弃的产品发展壮大起来的。

　　或者，我们真的拥有一个突破性的产品，但是早期市场开发遇到阻碍，停滞不前。这个时候，我们应该离开空洞的理论高地，就算这个产品理论上可以做成很多个超级厉害的应用，我们也必须实际一些，把注意力集中到一种应用上，确保这个应用足够强大，至少能让一个熟悉我们公司的高瞻远瞩者无法抗拒，然后专注于为这一个高瞻远瞩者服务，争取得到他的支持，努力排除一切障碍。

　　以上就是早期市场开发过程中最常见的几种偏离轨道的情况，以及偏离轨道之后如何重新走上正轨。在大多数情况下，这些问题都是可以解决的，因为任何事情在刚开始的时候都会有很多种选择。一般来说，最大的问题就是在投入资金不足的情况下仍然抱有过高的期望——或者就像我的祖母过去常说的那样，眼睛大胃口小。我们处理主流市场的问题时，遇到的情况会更加复杂，现在我们就来谈谈这个问题。

主流市场

高科技行业的主流市场与其他任何行业的主流市场是非常相似的，尤其是向企业销售产品和服务的行业。主流市场的主导者是早期大众，在高科技行业，早期大众就是"实用主义者"（pragmatists），这个群体往往被随后的后期大众接受为领导者。后期大众被视为"保守主义者"（conservatives），但是随后的落后者不会接受后期大众成为他们的领导者，因此落后者又被称为"怀疑主义者"（skeptics）。与第 1 章一样，我们将会仔细探讨这些群体的心理特征，看看各个群体将会如何影响高科技市场的动态发展。

早期大众：实用主义者

在高科技发展史上，对于任何一项技术产品，早期大众（或者说实用主义者）都占据了庞大的市场份额。当然，赢得高瞻远瞩者的支持也可以让你取得成功，而且你也会因为对热门产品慧眼识珠而声名远播，但是这些成就最终并不能让你获得巨额财富。实际上，财富掌握在一些更加小心谨慎的客户手中，他们不想成为先锋（"先锋背上插着箭呢"），也从来不愿意早早做了人家的试验台（"还是让别人帮你做产品调试吧"），他们早就痛定思痛：技术"领先的前沿"往往就是"流血的边缘"。

那么，实用主义者到底是一些什么样的人呢？事实上，虽然他们非常重要，但我们确实很难准确描述他们的特征，因为他们并不像高瞻远瞩者那样喜欢吸引众人的目光。他们并不是大名鼎鼎的哈姆雷特，而是哈姆雷特的大学密友霍拉旭；他们不是人人皆知的唐·吉诃德，而是唐·吉诃德身边默默无闻的忠实仆人桑丘·潘沙；在性格上他们更像哈利·波特，而不是"肮脏的哈里"——他们的地位不是自己主动争取得来的，而是生命赋予的。他们从不标新立异，他们是连续性创新存在的理由。所以，无论拯救世界的英雄最终是死去（这是悲剧），还是骑着马消失在夕阳中（这是英雄罗曼史，喜剧），在一切结束之后，他们总要留下来清理现场，回答无法逃避的最后一个问题："那个蒙面人到底是谁？"

在高科技领域，实用主义的首席执行官并不多见，即使有，他们也是名副其实，倾向于保持相对低调。例如，即使 NetApp 公司的霍浩文（Dan Warmenhoven）、LinkedIn 公司的杰夫·韦纳（Jeff Weiner）、Sybase 公司的程守宗（John Chen）、eBay 公司的约翰·多纳霍（John Donahoe）、惠普公司的梅格·惠特曼（Meg Whitman）和戴尔公司的迈克尔·戴尔（Michael Dell）这样知名度颇高的领导者也不喜欢出风头。他们注重诚信，信守承诺，最熟知他们的人往往是他们最亲密的同事，而且同事都高度尊敬他们。在高科技同行中间，他们也广为人知，每一年他们的名字都会出现在行业领导者排行榜上，而且常常位列前茅。

当然，要想向实用主义者推销产品，你也不一定非要成为实用主义者，只需要理解他们的价值观，并且尽力为他们服务即可。我们仔细研究一下他们的价值观吧。如果说高瞻远瞩者的目标是实现一个质的飞跃，那么实用主义者的目标就是小小的改善——渐进的、可衡量的、可预见的进步。如果实用主义者要安装一款新产品，他们会想知道其他人使用这款产品的情况。在实用主义者的字典里，"风险"这个词是一个贬义词——风险并不代表机遇或者刺激，反而有可能让他们浪费时间和金钱。在必要的时候，他们也会承担风险，但是在那之前，他们一定会建好安全网，并且严密地做好风险管理。

《财富》IT 2000 强企业的领导者大部分是实用主义者。商业对提高生产力的要求将他们推向了技术采用生命周期的前端，但是他们天生谨慎，加上预算有限，所以行事十分小心。作为个体，在 Salesforce.com 完善软件即服务（SaaS）应用功能，确保安全可靠之前，实用主义者会拒绝使用 SaaS 应用；在 MobileIron 和 Airwatch 等公司提供移动设备管理（MDM）解决方案之前，实用主义者会拒绝支持自带设备（BYOD）政策；在思科（Cisco）推出远程呈现（telepresence）终端，使远程呈现技术广为人知之前，实用主义者也会一直拒绝投资视频设备。

争取实用主义者的确不容易，但是一旦赢得他们的青睐，他们就会变成无比忠诚的客户。如果他们选择了你，那他们就会坚持你制定的标准，就算满足某个标准的只有你一家，他们也会义无反顾地购买。这种对标准化的坚持还真是相当的实用主义，能够简化内部服务需求。然而，标准化的次要影响对企业发展和盈利能力的促进作用是巨大的——标准化有利于增加产品销量，降低销售成本。因此，对于一个细分市场，实用主义者的重要性不容忽视。

在 20 世纪 90 年代，如日中天的微软公司就是受益于标准化的一个最著名案例。如今，我们总会将微软公司在操作系统领域的主宰地位视为独一无二的。当年，微软在桌面操作系统、办公自动化和部门服务器方面独步天下，统领市场，以至于十年后，几乎所有公司的办公室格局看起来都一样。但与此同时，随着市场不断发展，企业 IT 作为一个品类也催生和维持了众多二线供应商，而且每一个供应商都能开辟出自己的实用主义者市场"飞地"。在工程技术领域，客户喜欢用 Sun 公司的 Solaris 操作系统；在图形设计领域，客户喜欢用苹果公司的 Macintosh 的操作系统；在工作组领域，客户喜欢用 Novell 公司的 Netware 网络操作系统；在《财富》全球 500 强的银行的分行和营业网点，客户喜欢用 IBM 公司的 OS/2 操作系统；在普通医生和牙科医生专用的 VAR 专业服务系统领域，客户喜欢用 SCO 公司的 Unix 网络操作系统；在咨询和金融服务领域，客户喜欢用 IBM 的 Lotus Notes 协同办公平台。虽然最终胜出的还是微软公司，但是以上每一家企业都在自己的市场中掀起了一波实用主义的浪潮，使产品销量出现大幅度跃升。因此，在制订任何一个长期的战略营销计划之前，我们都必须深入了解实用主义客户，而且要重点关注如何赢得他们的信任。

如果实用主义者要购买产品，他们会考虑推出这些产品的公司、产品本身的质量、配套产品和系统界面等基础设施，以及他们将要得到的服务是否可靠。换句话说，在购买产品之后，他们自己会使用产品，而且在很长一段时间之内都不会更换。（相反，高瞻远瞩者很可能只是借新产品打破现状，在成功建立新秩序之后，便以此为跳板跳到下一个更好的职位。）实用主义者购买产品是有长期打算的，而且他们掌握着市场中的大量财富，所以他们非常值得你花时间争取，如果跟他们建立了信任关系，你会得到丰厚的回报。

实用主义者的沟通方式是"纵向"的，也就是说，他们更多是和与他们非常相似的人交流。技术狂热者和早期采用者的沟通方式是"横向"的，他们经常会跨越行业的界限在各行各业寻找志趣相投的人。这就意味着，如果要突破一个新行业，光靠向实用主义者推销产品将会非常困难。实用主义者非常重视参照群体和信任关系，但是，这里又会出现一个困境：除非你已经确立市场主导地位，否则实用主义者绝对不会选择你的产品；可是，如果他们不选择购买你的产品，你的市场主导地位就无法确立。显然，这个局面对创业公司非常不利，但是对地位稳固、业绩成熟的企业大有好处。但是，如果创业公司在某个纵向市场赢得了实用主义买家的青睐，这些购买者往往会成为创业公司最忠诚的客户，甚至会不遗余力地帮助创业公司取得成功。曾经 Salesforce.com 只是销售自动化（SFA）行业的搅局者。现在，Salesforce.com 已经成为事实上的标准。一旦如此，销售成本就会大幅下降，与此同时，满足特定客户需要的增量式研发开始发挥越来越大的作用。这也是由实用主义者构成的市场如此庞大的原因之一。

实用主义者并不会特别偏爱某一种分销渠道，但是他们确实希望自己的分销关系网尽可能保持简单。这样一来，他们就可以最大限度地发挥购买力优势的作用，同时维持几个清晰的控制点，当出现了什么问题，他们可以马上采取措施应对。在某些情况下，如果实用主义购买者碰上了认识的销售人员，那么这种偏见或许可以消除。然而，通常情况下，如果一家规模较小的创业型供应商能够与一家已具备相当市场地位的供应商结成联盟，或者能够找到一家增值转售商（VAR）作为销售基地，那么它进军实用主义者市场会顺利得多。如果增值转售商专门从事实用主义者所在的特定行业，而且信誉良好，能够在预算范围内准时交付高质量的工作成果，那么，对于实用主义者来说，增值转售商就是一个特别有吸引力的解决方案。它们可以提供完整并可立即使用的"交钥匙"式解决方案，不会对因为持续的系统维护而不堪重负的内部资源产生冲击。实用主义者喜欢找增值转售商的原因在于，一家增值转售商意味着只有一个控制点，如果产品出现问题，他们向一家公司寻求帮助即可。

实用主义购买者的最后一个特点是他们希望看到竞争，其中一个原因是为了降低购买成本；另一个原因则是当产品出了什么问题，他们还可以向其他企业购买；最后还有一个原因：他们需要确保自己购买的产品来自公认的市场领导者企业。最后这个原因非常关键：实用主义者之所以希望从市场领导者企业购买产品，是因为他们知道，很多第三方会围绕着市场主导产品设计配套产品。也就是说，市场主导产品能够孕育出一个由其他供应商提供服务的售后市场（aftermarket）。这就大大减轻了实用主义客户的维护负担。相反，如果实用主义者出现失误，选购的产品并不是市场主导产品，而只是一款落伍产品，根本无法孕育出实用主义者极其重视的售后市场，那他们就只能依靠自己来丰富和提升产品的功能。由此可见，保持市场领导者地位是赢得实用主义者的关键。

实用主义者对价格是相当敏感的。虽然他们也愿意为一流的质量或特殊的服务支付一定的溢价，但在没有任何特殊差异的情况下，他们希望得到最优惠的价格。因为他们对自己的职务或/和公司做出了承诺，他们每年都要接受业绩考核，而衡量业绩的标准之一就是他们所花的钱是否能为公司带来回报，能够带来多少回报。

总的来说，要向实用主义者推销产品，你必须有足够的耐心。你要非常熟悉他们所在行业的主要议题。他们参加的具体行业会议或贸易展销会，你也需要出席。你的名字要出现在他们经常阅读的行业通讯和博客文章里。你需要在行业内的其他公司里任职。你需要拥有一些专门针对他们所在行业的应用软件。你需要与服务于该行业的其他供应商成为合作伙伴或结成联盟。你还需要拥有产品质量高、服务优良的良好声誉。总之，你必须让自己变成显而易见的首选供应商。

这是一个长期计划。要取得最后的胜利，你要小心把握好节奏，要持续投入资金，还要组建一个成熟的管理团队。但成功的回报是巨大的，其中之一就是赢得实用主义者的支持，让你的产品占领技术采用生命周期的早期大众市场，而且还为下一步向保守主义的后期大众市场进发奠定了基础。但遗憾的是，虽然高科技产业小心地播下了种子，但是在大多数情况下没有得到收获。要了解个中缘由，我们先得仔细看看保守主义者的详细情况。

后期大众：保守主义者

根据技术采用生命周期模型的统计，实用主义者和保守主义者的数量大致是相同的。换言之，在任何一个技术产品的技术采用生命周期中，保守主义者都大约占客户总量的 1/3。对于一个可开发的细分市场，保守市场的利润相当可观，但是很少得到充分开发，主要原因是高科技企业通常不认同保守主义者的观点。

保守主义者对颠覆性创新产品有一种本能的抗拒，他们更加信任传统，而不是进步，并且，当找到适合自己的东西，他们喜欢一直用下去。别人在用 Windows 时，保守主义者在用 Mac；当别人换回 Mac 时，他们又在用 Windows。他们还在用黑莓手机，因为他们觉得也很好用。他们发邮件而不是发短信，而且还时不时互相打电话。他们既不发微博，也不发帖子。他们的报纸还是每天都送到家门口，他们对此很满意，非常感谢！

从这个意义上说，保守主义者和早期采用者可能比你想象中的更为相似。这两个群体都固执己见，抵制顺应潮流的号召，拒绝与实用主义者为伍。可以肯定的是，保守主义者最终也必定会"臣服"于新范式，只是为了与全世界保持一致。但是，保守主义者愿意使用新产品，并不代表他们喜欢这些产品。

事实上，保守主义者往往对高科技怀有一丝恐惧。因此，他们通常在技术采用生命周期的末期才决定投资，那时产品的设计已经非常成熟，市场份额的竞争也使产品价格大幅降低，而且产品已经可以看作普通商品。保守主义者购买高科技产品的真正目的往往只是不希望自己被怠慢。不幸的是，由于他们处于市场周期中利润率较低的一端，卖方几乎没有动力与此处的客户建立高度互信的关系，所以他们的确经常被怠慢。这样一来，他们对高科技就更加失望了，然后以更加悲观的态度重新设定购买周期。

高科技企业要想取得长久的成功，必须学会打破这种恶性循环，找到一个合理的理由说服保守主义者购买自己的产品。它们必须明白，保守主义者对高科技投资的期望值并不高，因此不会愿意以高价购买高科技产品。尽管如此，由于数量庞大，保守主义者会给那些能够为他们提供良好服务的公司带来巨大收益。

保守主义者喜欢购买软件预装包，所有功能都捆绑在一起，而且价格大幅打折，十分划算。他们最不愿意听到的是自己刚刚购买的软件不支持刚刚安装好的家庭网络。他们希望高科技产品就像冰箱一样——打开冰箱门，里面的灯就会自动亮起来，食品一直保持冰冷状态，什么都不需要管。也就是说，他们最了解的产品就是功能单一的产品——只能播放音乐，只能播放视频，只能发送电子邮件，或者只能玩游戏。一台设备可以同时实现上面四种功能的想法不能令保守主义者感到兴奋，反而会让他们隐隐觉得有点令人讨厌。

从这个方面看，保守市场其实蕴含着一个巨大商机：企业可以将一些低成本的边缘技术要素重新组合为单一功能系统软件包，以满足客户特定的业务需要。软件包的质量应该相当高，因为它包含的所有技术组件都已经经过彻底调试。但是价格应该比较低廉，因为所有的研发成本都早已摊销，而且制造学习曲线的每一个环节都得到了充分利用。简而言之，这并不仅仅是一种单纯的营销策略，而且还是真正为一个新的消费群体提供的解决方案。

这里有两个成功的关键因素。第一，要彻底考虑周全，针对特定的目标终端用户需求提出"整体解决方案"，而且"整体解决方案"的每一个组成部分都必须纳入软件包中。这是至关重要的，因为这种软件包的利润空间十分有限，无法承担其售后支持系统。第二，建立低开销的廉价分销渠道，有效地将这种软件包推向目标市场。在这种情况下，在线"即服务"（as-a-service）应用的兴起为这一类产品的发展创造了巨大的机会。

保守市场是推动高科技产业发展的一个重大机遇。因为保守主义者的存在，那些不再尖端的技术产品有了更广阔的市场。事实上，美国已经将这一市场的大多数份额拱手让给了远东国家，与其说这证明了离岸制造的成本优势，不如说证明了在岸产品规划和市场营销的失败。即便是现在，很多离岸解决方案仍然只有一个优点——成本低廉。保守主义者确实对价格很敏感，但这主要是因为他们支付的价钱未能在用户体验中得到充分体现。如果你能提供一个真正让他们动心的产品，那他们也很乐意出高价购买。看看苹果商店就知道了。在美国，很多技术领先的制造商和营销商都有大容量分销渠道和丰富的采购资源，只要稍加关注，就能从这部分高科技市场中赚取更多财富。

所以，相较于过去，高科技行业未来必将更加重视开发保守市场。关键是要注重便利性，而不是性能；要注重用户体验，而不是功能配置。倒车摄像头是保守主义者喜爱的一个技术产品。这是一个很典型的例子，此外还有倒车辅助系统。就连 GPS 应用对保守主义者也越来越友好，使他们不再抗拒使用。但是，语音激活功能普遍不受保守主义者欢迎，因为它们缺乏保守主义者极其需要的可预测性。

总体而言，人们还是觉得保守市场是累赘，而不是机遇。要在保守市场取得成功，高科技企业需要充分发挥想象力创新营销策略，采用风险较低的融资模式。如果能够成功应对我们目前尚未完全熟悉的新挑战，我们就一定能够赢得财富。不过，由于研发成本大幅攀升，高科技企业要想摊销这些成本，必须占领越来越广阔的市场。因此，高科技企业必定要继续向前，沿着技术采用曲线一直被忽视的"后半部分"走下去。

主流市场的动态发展过程

正如高瞻远瞩者推动早期市场发展一样，实用主义者是整个主流市场不断发展的驱动力。赢得实用主义者的支持不仅是进入主流市场的突破点，也是获得长期主导地位的关键。但是，即便已经占据市场主导地位，你也不能掉以轻心，把市场视为理所当然。

要保持主流市场中的领导地位，你至少要跟得上市场竞争的节奏。此时，你已经没有必要做技术领先者，也不需要拥有最出色的产品。但是你的产品必须足够好，如果竞争对手取得了重大突破，你至少也得做出立刻追赶的反应。

在 21 世纪前十年里，甲骨文公司把这个游戏玩到炉火纯青。几十年以来，甲骨文依靠系统研发投入成功构建一系列企业 IT 软件。但是，在主动（而且是恶意）收购 PeopleSoft 之后，甲骨文改变了游戏规则。这次收购最终完成时，它开启了企业 IT 发展的一个新阶段——整合管理阶段，与早期的铁路、航空、会计以及最近的银行等行业的整合路线非常相似。但在甲骨文的案例中，它所做的并不只是整合自己一直以来研发的应用，而是以高价收购资产，创建一个从上到下的企业 IT "堆栈"，一个任何《财富》500 强企业的首席信息官（CIO）都梦寐以求的企业 IT 资源库，其中包括 Seibel 的客户关系管理系统、BEA 的应用服务器中间件、Agile 的产品生命周期管理系统，最后为了得到完整的硬件解决方案，还吞并了 Sun Microsystems 公司。

这种整合管理是为了守成，而不是为了创新。不是说创新停止了，只是换了个地方。前一个时代的技术曾经是创新的焦点，现在成了支撑下一代创新的脚手架。在这种情况下，稳定性和可预测性更加受重视，行业生态系统也愿意向核心供应商支付溢价做技术维护。

要实现从实用市场向保守市场平稳过渡，关键在于继续与实用主义者保持紧密的联系，永远为他们了解新范式大开方便之门，但同时还要照顾好保守主义者，继续为现有的产品和配套服务增值，让他们感到满意。把这两者都做到并不容易，至少需要小心平衡，但是如果处理得当，你就可以得到两个成熟又忠诚的细分市场，盈利潜力是非常大的。

回顾一下前面对技术采用生命周期前四个客户群体的介绍，我们就会发现一个非常有意思的趋势。如果跟辅助服务的重要性相比，技术狂热者是最重视产品自身功能的群体，保守主义者是最不重视的。这一点不足为奇，因为一个人对高科技产品的关注程度和应用能力决定了他在技术采用生命周期中的位置。由此可以总结出一个重要的经验：产品上市的时间越长，性能和设计就会越成熟，客户就会越重视服务因素。特别是保守主义者，他们非常重视服务。

在过去十年里，高科技公司纷纷将其产品重新配置为服务，可以说是真正抓住了这一经验的精髓。软件即服务（SaaS）、数据中心基础设施即服务（IaaS）、开发和部署平台即服务（PaaS）——这些产品在云端创建堆栈，使越来越多的计算迁移到云端虚拟空间。

为了实现这个目标，供应商要同时做到两件事情。第一，供应商必须尽可能发现产品成功安装和运行后可能会出现什么样的服务需求，预先做好设计。这是服务即税收，不增加任何价值，只是为了让你的产品正常运作，这个代价是必须要付的。对于企业 IT 软件公司来说，这个代价特别大，虽然给系统集成商创造了不少收入，但也让大家都不好受。所以这个代价越小越好。

相比之下，如果供应商做到了第二件事情，即通过服务改善用户体验，那就是皆大欢喜，大家都很开心。苹果 iPad 就是一个很好的例子，不仅吸引了技术狂热者和高瞻远瞩者（"iPad 真是太酷了"），而且也吸引了实用主义者（"没有培训成本"）和保守主义者（"连培训都不用，就这么完美"）。如果你看到一个蹒跚学步的孩子玩 iPad，你就会意识到我们离开 control-alt-delete 的时代已经很远了。

虽然如此，还是有人觉得自己跟高科技无缘，我们现在要解决的就是他们的问题。

落后者：怀疑主义者

怀疑主义者是技术采用生命周期的最后一个组成部分，占整个周期的 1/6。除了妨碍购买之外，他们完全不参与高科技市场。因此，对于怀疑主义者，高科技营销的首要目标是消除他们的负面影响。在某种意义上，这是一件挺可惜的事情。其实怀疑主义者是很好的老师，可以让我们知道我们哪里做得不对，所以我们才有了下面的介绍。

怀疑主义者最喜欢的观点是，无论是什么样的颠覆性创新产品，真正名副其实的非常稀少，而且总会带来意想不到的后果。在他们看来，购买颠覆性创新产品的回报难以捉摸，风险无处不在，无论如何都是很糟糕的选择。当然，高瞻远瞩者和实用主义者比较善于反驳这些反对意见。要不然的话，我们也不用讨论什么高科技行业了。要是我们不急于反驳，而是认真探讨怀疑主义者的看法有何优点，那又会如何呢？

任何一名高科技产品销售人员都可以告诉你，从成本角度来判断高科技采购的合理性这个思路是站不住脚的。收获巨额回报的可能性永远存在，但是决定因素并不在于产品本身。换言之，销售人员跟客户说，他们的高科技产品具有各种强大的功能，其实他们说的是"整体产品解决方案"具有各种强大的功能。整体产品解决方案所包含的要素，远远超过高科技供应商卖给你的那个高科技产品。如果高科技营销人员不负起把整体产品解决方案交付给客户的责任，那他们就给了怀疑主义者一个拒绝高科技产品的理由。（由于以上提到的种种原因，本书后续章节将会详细讨论整体产品解决方案的重要性，这是企业成功跨越鸿沟、闯入主流市场的关键因素。）

怀疑主义者一直在强调，新系统的功能被营销人员说得天花乱坠，但是大多数都无法实现。这并不是说新系统不具有任何价值，而是它们实际提供的价值往往无法达到客户购买时的预期。如果这是事实——我相信在某种程度上这的确是事实，说明决定选择新系统所需要的信念之大，远远超过我们的想象。同时，这也意味着，影响购买决策的价值判断更多来自某种行为偏见，而不是任何一种可量化的、成本合理的收益。你直接告诉客户新系统有何价值是没有用的，只能让客户在安装和使用过程中逐渐发现。所以，产品的灵活性、适应性和持续的客户服务应该是客户评估产品价值时一定会考虑的因素。

怀疑主义者能为高科技营销人员干的好事就是不断指出销售时保证的产品功能和交付的产品的实际功能之间的差异，但这些差异又是导致客户系统崩溃的原因。通过口耳相传，这些系统崩溃事件必定会传播出去，最终会成为我们的困扰，导致市场份额大幅下降。也就是说，凭实力征服怀疑主义者可能是一个很不错的销售策略，但确实是一个很糟糕的营销策略。从营销的角度来看，我们似乎都患有"皇帝的新衣"综合征，高科技领域的症状尤其严重，如果能够提高人们对高科技行业的整体看法，每一个从业者都可以从中分一杯羹。但怀疑主义者并不买账，我们应该充分利用这个事实。

回到鸿沟

如前文所示，技术采用生命周期确实是一个很有价值的营销模型。根据进入市场的时间划分客户群体，然后描绘出不同客户群体的心理画像，可以为营销人员制订创新产品营销计划提供清晰的指引。

我们在前面已经指出，这个模型有一个基本缺陷。它会让人以为，从一个细分市场到下一个细分市场的过渡是持续平稳的，但经验告诉我们，情况正好相反。事实上，完成任何两个相邻的细分市场之间的过渡，往往都非常艰难，两个细分市场不能采取同样的营销和传播策略，而你必须在刚刚适应一个客户群体的时候就马上采取策略吸引下一个客户群体。

在过渡时期，最大的问题是缺乏下一个细分市场可以参照的客户群体。在修订后的技术采用生命周期模型中，我们会看到相邻的两个细分市场之间存在一个空隙，这是将左边的客户作为参考群体来渗透右边的细分市场时所产生的可信度落差。

有时候，细分市场的相似性会使各个客户群体保持相对密切的联系。例如，早期采用新技术产品的高瞻远瞩者往往与技术狂热者保持联系，而且很尊重他们的意见。这是因为他们需要技术狂热者做技术把关，检查他们的设想是否在现实里具备技术可行性，并帮助他们评估具体产品的性能。因此，技术狂热者至少可以解答一部分高瞻远瞩者关切的问题。

同样，保守主义者在购买技术产品的时候也会希望得到实用主义者的指导。这两个群体都喜欢将自己首先看作某个行业的一分子，其次是商人，最后才是技术产品的购买者。但是，实用主义者更相信技术能够为他们带来收益，而且他们也更加相信自己有能力做出明智的购买决策。保守主义者在这两个方面都忧心忡忡，他们愿意在一定程度上跟随自己所尊重的实用主义者，但是实用主义者对一切都感到自信的态度还是让他们略感不安。所以，在这两个相邻细分市场的过渡时期，参照群体还是发挥了一定作用的。

虽然参照群体的作用有所减弱，但是依然很重要，我们可用前面提出的关于市场的基本观点来解释具体原因。也就是说，市场，尤其是高科技市场，是由在做出购买决策时会相互参照的客户群体构成的。在技术采用生命周期中，随着我们从一个细分市场转移到下一个细分市场，我们可能会建立尽可能多的参照群体，但是他们不一定是合适的。

这在从高瞻远瞩者到实用主义者的过渡中最明显。如果其他细分市场之间的空隙相对来说比较小的话，高瞻远瞩者和实用主义者之间的空隙就是巨大的（大多数时候被严重忽视的）鸿沟。

如果仔细研究一下这条鸿沟，我们会发现，高瞻远瞩者与实用主义者完全不一样，因为他们具有以下四个基本特征。

对同行的经验教训缺乏尊重。高瞻远瞩者是他们所在行业内第一个看到新技术具有巨大潜力的人。从根本上说，他们认为自己比竞争对手更聪明，而且很多时候他们确实如此。事实上，他们正想利用自己的先见之明，为自己创造竞争优势。只有在别人都看不到新技术的潜力时，这种优势才会产生。所以，他们并不希望购买一个业内已经存在大量参照群体的成熟产品。事实上，一个已经有参照群体的产品几乎肯定会令他们厌烦，因为那意味着先机已失，至少对于这项技术来说，他们已经落于人后了。

实用主义者恰恰相反，他们非常看重其他公司同行的经验。如果他们要购买新技术产品，他们会希望获得广泛的参考意见，而且有相当数量的参考意见来自所在行业的其他公司。我们已经指出，这样会导致一个困境，因为每个行业细分市场通常只有一两个高瞻远瞩者,剩下的其他人几乎都是实用主义者,那你怎么能积累实用主义者想要的大量参考意见呢?

对技术的兴趣远大于对行业的兴趣。 高瞻远瞩者正在创造未来,你会在技术会议和未来主义论坛上看到他们与其他人兴高采烈地预测趋势,积极地寻找新的市场机会。他们很容易就跟人聊起来,而且他们能够理解并欣赏高科技公司和高科技产品的理想与追求。他们希望跟聪明人讨论自己的想法。他们对自己行业的平淡和琐碎感到厌倦。他们喜欢谈论高科技,也喜欢思考高科技问题。

实用主义者则不会把太多赌注押在对未来的幻想上。他们更喜欢从现实出发,为自己的行业稳步发展而努力奋斗。因此,他们会参加与行业相关的论坛,讨论行业相关的具体问题。在实用主义者看来,"大刀阔斧的变革"和"全球优势"这样的词也许能够让演讲更加精彩,但是除此之外没有什么实际意义。

没有认识到现有产品基础设施的重要性。 高瞻远瞩者要从零开始建立系统,他们在努力将自己的愿景变成现实。他们不期望能在周围找到新系统的组件,不希望市场上已经建立标准——事实上,他们正在计划建立新的标准。他们不期望有能够马上到位的支持团队,或者有马上就能运行的工作程序,或者有可以分担工作量和责任的第三方合作伙伴。

实用主义者则希望全部都有。看到高瞻远瞩者开辟自己的道路,很少或者根本没有想过要与业内主流做法接轨,实用主义者会感到非常不安。实用主义者的工作使命就是与主流接轨,他们的事业就是以此为基础的。我们再一次看到，对于实用主义者来说，高瞻远瞩者这个群体确实是一个非常糟糕的参照群体，这是再明显不过的事实。

对自己的颠覆性缺乏自知之明。在实用主义者看来，高瞻远瞩者就是不知从哪来的闯入者，带着他们喜欢的项目，抢走全部预算。如果项目成功了，功劳全都是他们的，而实用主义者只能落得维护"最先进"系统的份，而且因系统过于"先进"，大家都不太晓得如何维持运作。如果项目失败了，高瞻远瞩者似乎总能快人一步，在灾难降临之前找到机会跳槽离开，留下实用主义者收拾烂摊子。无论项目成功与否，高瞻远瞩者都不打算停留太久。在他们看来，他们正处于职业高速上升期，正在企业内部和企业之间飞跃。但是实用主义者会长期忠诚于自己的职业和公司。对于所谓的宏图大计，他们总是非常谨慎地对待，因为他们知道，无论这些宏图大计的结果如何，自己必须得接受。

总而言之，我们很容易理解为什么实用主义者在决定是否购买产品的时候不会急着参考高瞻远瞩者的意见。正因为如此，鸿沟就出现了。如果高科技企业在针对高瞻远瞩者的营销取得成功后，一时得意忘形，忽略了改变自己的营销策略，那么情况就可能会变得更复杂。它可能会在营销活动中大肆宣扬自己在前期所取得的骄人成绩，但此时的实用主义者只想了解新系统如何安装、设置和运行。或者说，实用主义者想听到的是符合"行业标准"，企业却在讲产品如何"先进"。

不过，这不仅仅是营销策略和产品定位的问题。从根本上说，这是一个时间问题。高科技供应商希望并且需要实用主义者马上购买产品，而实用主义者则需要或者至少是希望再等一段时间。双方的立场是非常合理。在这场无形的对峙里，计时已经开始了。问题是，谁会忍不住先眨眼呢？

为了每个人的利益着想，最好是实用主义者忍不住先眨眼。但是如何让实用主义者先眨眼呢？这就是本书第二部分的主题。

跨越鸿沟

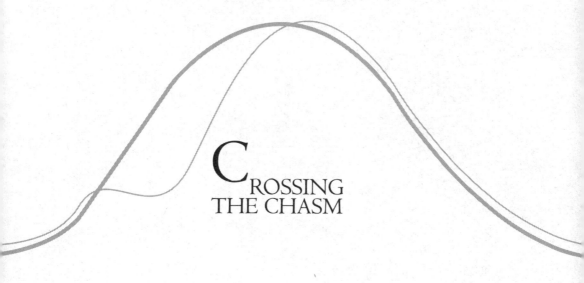

CROSSING
THE CHASM

第 3 章　D-Day 战略

无论怎么看，鸿沟都是一个非常糟糕的地方。在鸿沟时期，企业不会有新客户，即便有，也只是几个莫名其妙地偏离安全大道的客户。但是，鸿沟里确实有各种令人不快的家伙，有满腹牢骚的现有客户，有不怀好意的竞争对手，还有唯利是图的投资者。此时的创业公司羽翼未丰，正设法跨越鸿沟，过渡到主流市场，正是资源紧张的时候，这些令人不快的家伙还千方百计想从中榨取利益。因此，我们有必要简要地了解一下创业公司需要面对的挑战，这样我们才能保持警惕，主动防御。

鸿沟里的危险

我们先从缺乏新客户说起。随着高瞻远瞩者主导的早期市场日益饱和（高价产品一般只有 3～5 个订单），而实用主义者主导的主流市场距离让实用主义者产生购买欲望的舒适区还很遥远，市场上能够创造的销售收入并不足以维持企业的经营。虽然短暂经历过现金流为正的时候（尤其是在早期市场拿到大订单之后的几个月），但此时的趋势出现了逆转，公司正在加速进入现金流为负的区间。更糟糕的是，虽然主流市场的竞争对手在此之前从未把弱小的创业公司放在眼里，但是，在吃过创业公司一两次亏之后，它们注意到了创业公司，于是积极动员销售团队，开始向创业公司发动反击。

创业公司几乎避无可避。经理们希望撤退，先跟现有的大客户维持好关系，集中资源为它们提供无微不至的服务，争取拿到它们下一年的订单，利用这笔销售收入把针对高瞻远瞩者的计划的大部分内容落实到位。这样做不但能形成一个稳固的参照群体，而且还可以建立辅助产品、接口程序等基础设施，将一个颠覆性创新产品转变为实用主义者所理解的实用解决方案。不幸的是，现有的客户也没有额外的预算了。而且，当初为了确保交易成功，公司向大客户做出了承诺，未来一年的工作更可能是全力以赴把承诺的产品赶出来。所以，今年还有很多任务需要完成，但是资金已经所剩无几了。

此外，经理们发现，只为早期市场服务也没什么安全感。无可否认，早期市场仍然存在销售机会——还可以将产品卖给其他高瞻远瞩者。但是每个人的梦想都是独一无二的，所以每一个梦想都会提出独一无二的定制要求，结果就是让负担沉重的产品开发部门更加不堪重负。况且，早期市场上迟早会出现另一个技术更加先进、创业故事更加精彩的企业家。到那时，你必须已经跨越鸿沟，在主流市场站稳脚跟，否则你就再无机会了。

还有更大的危险。迄今为止，所有营销活动都是投资者出资的——如果是风险投资企业，那就是正式投资；如果是大公司内部开发的新产品，那就是非正式投资。投资者已经看到了在早期市场的成功，现在他们必定更加期待商业计划承诺的长期收入增长目标取得实质性进展。现在我们已经知道，在鸿沟时期寻求这种增长是徒劳无功的。尽管如此，公司依然得实现向投资者做出的承诺（如果不做出如此承诺，就不可能得到投资），时间不等人哪！

事实上，真正的掠夺型投资者，有时被称为"秃鹫资本家"，会利用公司在鸿沟时期的挣扎与失败来诋毁当前的管理团队，从而拉低公司的股权价值，以便在下一轮投资中夺取公司的控制权，组建新的管理团队，还有最糟糕的情况：以极其低廉的价格霸占公司的主要技术资产。这是一种破坏力极大的野蛮行径，这是倒洗澡水连婴儿也一起倒掉了，把人类追求的一切美好价值和实现共赢的机会都扔出窗外，结果只会两败俱伤。可是，这种情况还是会发生。

然而，即便是要求合理而且支持公司的投资者也会被这道鸿沟困扰。在最好的情况下，你也得在他们最想放飞期望的时刻给他们泼冷水，让他们降低期望。这会让他们产生一种隐隐约约的疑虑：是不是有人把事情搞砸了。他们可能暂时愿意继续相信你，但是你已经没有一分钟可以浪费了。你必须尽快进入主流市场，与实用主义购买者建立长期合作关系，只有如此，你才能够将命运掌握在自己的手中。

攻入主流市场

进入主流市场是一种侵略行为，主流市场的既存企业已经与你的目标客户建立了合作关系，你闯进去必然会引起它们的憎恨，它们必定会想方设法将你拦在门外。实用主义客户本身也会对一个自己未接触过的新公司怀有疑虑。根本没有人希望你出现，你就是一个入侵者。

现在可不是做老好人的时候。我们已经说过，面前的这条鸿沟危机四伏，此刻是一个紧要的生死关头。不管遇到什么样的抵抗，你都必须攻入主流市场。那么，如果我们要开战，那不如明着来吧！我们来回顾一下 20 世纪上半叶发生的一个事件，从中寻找启发。这个事件是 1944 年 6 月 6 日盟军在法国北部的诺曼底登陆，这一天被称为 D-Day。当然，时间更近一些的军事成功案例可能也很多（我一下子没想起来），但是拿 D-Day 这个战例做类比非常切合我们现在讨论的跨越鸿沟问题。

两者之间的类似之处是显而易见的。我们的长期目标是进入并控制一个目前控制在实力雄厚的竞争者（轴心国）手中的主流市场（西欧），要想把主流市场从这个竞争者手中夺取过来，我们必须组建一支由其他产品和公司（同盟国）构成的入侵部队。要攻入主流市场，我们首先要实现直接目标，即从早期市场（英国）过渡到主流市场，占领一个战略性目标细分市场（诺曼底的海滩）。现在阻挡我们的障碍就是这条鸿沟（英吉利海峡），我们要以最快速度越过这条鸿沟，入侵部队要把所有资源集中到攻击点（D-Day）。在将竞争者赶出我们瞄准的目标利基市场（占领滩头阵地）后，我们还要继续出击，占领其他相邻的细分市场（法国各区），直到取得整个市场的支配权（解放西欧）。

就这么简单，这就是我们的战略。复制诺曼底登陆战役，成功攻入主流市场，瞄准一个非常具体的利基市场，确保从一开始就能占据主导地位，把竞争对手赶出这个利基市场，然后以此为基地展开进一步行动。这就是跨越鸿沟的战略。用具有压倒性优势的兵力集中攻击一个高度集中的目标，这一策略在 1944 年盟军反攻纳粹德国时奏效，此后有很多高科技公司借助这一策略取得了成功。

诺曼底登陆成功的关键，同时也是创业公司在获得更广泛的市场认可之前顺利征服实用主义客户的关键，就是集中大量的资源攻占一个狭小的利基市场。通过简化最初的挑战，创业公司能够利用有限的市场变量，迅速形成实实在在的参照群体、宣传品、内部程序和参考资料。在这个时候，营销过程的效率取决于细分市场的

"有界性"。细分市场的范围越窄，边界越严密，就越容易创造机会向里面投送营销信息，而且信息口耳相传的速度也越快。

刚刚起步的创业公司从一个范围非常窄的细分市场入手才会有竞争力，任何一个资源稀缺的营销项目都是如此。否则，创业公司的"热点"营销信息会扩散过快，口碑传播的连锁效应很快就会消失殆尽，销售人员又回到了"冰点"销售的状态。这是一个典型的鸿沟症状。早期市场是富于热情的，离开早期市场之后，创业公司的销售往往会落入"冰点"。通常认为，这是因为销售团队有所松懈或者市场需求冷却，而事实上，这是向一个过于松散的目标市场快速扩张，把摊子铺得太大的必然结果。

采取 D-Day 战略可以避免这种错误。D-Day 战略能够激发出整个公司的活力，使所有资源都集中在一个高度明确的目标上，而且这个目标①容易实现；②能够直接促成长期的成功。大部分创业公司没能够成功地跨越鸿沟，在主流市场所蕴藏的巨大机会面前，创业公司失去了焦点，想去追逐出现的每一个机会，最终还是无法向真正的实用主义购买者提供一个可取的销售主张。D-Day 战略让所有人都聚焦于此——如果我们还没有拿下诺曼底，那我们暂时就别担心怎么攻占巴黎了。将全部的兵力集中在一小块区域，我们一举获胜的概率会大大增加。

遗憾的是，虽然 D-Day 战略逻辑上非常合理，但是对于创业公司的管理层来说却悖于直觉。因此，虽然 D-Day 战略在理论上得到广泛认可，却很少付诸实践。下面是一些比较常见的情况。

如何生火

任何一个参加过童子军的孩子都知道如何生火——先铺上揉成一团的报纸，再放一些引火柴和木头，最后点燃报纸。这是一件再容易不过的事情了。跨越鸿沟时不去选择一个利基市场入手，就像生火的时候不使用引火柴一样。

揉成一团的报纸相当于你的营销预算，木头相当于一个重大的市场机遇。如果你没有一个目标细分市场作为引火柴，无论你在木头下面铺多少报纸，报纸迟早都会烧完的，但是木头还是烧不起来。网上杂货零售商 Webvan、太阳能电池板制造商 Solyndra 和电动车企业 Better Place 等公司烧光了上亿美元的风险投资，最终还是落得破产的结局，那真是童子军的基本技能没学好，这样的教训实在是过于昂贵。

生火很简单，不是什么高深的火箭科学，但的确代表了一种行为准则，这往往是高科技企业的管理团队最缺乏的。从高科技企业管理团队的表现来看，在面临营销决策的时候，大部分高科技企业的领导者无论如何也不敢拍板把全部资源集中于攻占一个利基市场的决定。就像恐婚的单身汉一样，他们可能什么事都答应，什么话都说得滴水不漏，但是在婚礼的钟声敲响时，他们就会选择逃避，绝对不会出现在教堂。为什么他们不会出现呢？

我们首先要明白，这不是因为他们不懂，而是因为他们不愿意。也就是说，不是这些领导需要学习利基营销知识，过去 25 年的 MBA 营销课程都在强调细分市场的必要性，强调要利用细分市场取得竞争优势。因此，没有人可以拿无知当借口，他们也没有拿无知当借口。相反，他们的说法是："尽管通常来说利基战略是最有效的，但我们现在没有时间或者没有能力来执行这项策略。"当然，这只是他们的说辞，真正的原因要简单得多：我们没有什么行为准则要求我们在任何时候出于任何理由放弃在任何市场扩大销售额，就算有，我们也不会遵守。换句话说，我们不是一个市场驱动的公司，我们是一个销售驱动的公司。

可是，这能有多糟糕呢？你看，扩大销售额是好事，不是吗？事情肯定能自然而然得到解决，我们会发现市场的，有了客户，还能没有市场吗？以上三个问题的真正答案分别是：①灾难性的后果；②不一定；③永远不可能。

简单地说，在鸿沟时期，以销售为导向的后果是致命的。原因就是：在此阶段，公司唯一的目标必须是牢牢占据主流市场的一个滩头阵地——也就是说，创造一个可以作为参照的实用主义客户群，帮助我们争取主流市场的其他客户。为了赢得这个实用主义客户群，我们必须确保他们的购买目标完全得到满足。为此，我们必须确保客户购买的不是单独的产品，而是我们在后续章节将会介绍的"整体产品"——能够满足客户期望的一整套产品和服务，我们为了获得采购订单而向他们承诺的也是整体产品。只要缺了一点东西，这个整体产品解决方案就不完整，那就是未履行销售承诺，你就无法得到可以参照的客户群。我们跨越鸿沟的第一个目标，就是获得参照客户群，这是迫在眉睫的任务。为了实现这个目标，我们必须承诺提供（或者至少保证提供）整体产品。

但是，承诺提供整体产品的代价也是非常高昂的。即使得到合作伙伴和盟友的支持，要实现承诺也需要做好资源集约型管理。如果支持服务由我们自己承担，那我们就得投入最重要的人手，但是这些人手对于公司其他正在进行的项目也是必不可少的。因此，不能轻易做出整体产品承诺，必须考虑其战略意义——也就是说，要思考如何利用一个整体产品承诺推动多个细分市场的产品销售。只有将营销资源集中到一个利基市场，才可能实现这个目标。如果超过一个利基市场，你就得承担额外的用例，这会导致你的关键资源耗尽，影响你兑现整体产品的承诺，让你困在鸿沟里的时间变得更长。如果你是彻底的销售导向，那你就永远都别想离开鸿沟了。

就凭整体产品效应这个理由，我们就应该避免使用销售驱动战略。但是，销售驱动战略的诱惑实在太大，所以我们必须补充弹药予以反击。看看下面这份弹药够不够：闯入新市场的一个关键就是在购买者中间建立良好的口碑。大量研究表明，在购买高科技产品的过程中，口耳相传是购买者的首要信息来源，在销售周期之初，购买者根据口碑确立"候选产品清单"，在销售周期的末期，购买者还是会根据口碑来剔除选项，确定最终的选择。要在任何一个特定市场形成口碑，首先必须要有一大批熟悉产品的个人，他们会时不时彼此见面，交流使用产品的体验或者对产品的看法，从而巩固产品或者公司的定位。口碑就是这样传播开来的。

　　让口碑传播过程启动起来是很费钱的，离开了早期市场之后尤其如此，在早期市场，一般是通过科技类报刊和相关媒体启动。但是，我们之前也提到，实用主义购买者喜欢跟业内同行沟通，或者通过专业协会进行交流。化学家与其他化学家交流，律师与其他律师交流，保险公司主管与其他保险公司主管交流，如此等等。如果采取销售驱动战略，也许可以在 5 ～ 10 个不同的细分市场分别拿下一两个客户，但是这样做是无法形成口碑传播效果的。你的客户可能会在聊天中提到你的产品或者公司，但是没有人响应，所以你的产品或者公司的定位得不到巩固。然而，在同一个细分市场拿下四五个客户就会为你带来想要的口碑传播效果。因此，瞄准细分市场的公司能够在跨越鸿沟初期就形成口碑传播效应，而销售驱动的公司晚得多，甚至根本不会形成。口碑缺失又会使产品销售变得更加困难，从而增加了销售成本和不可预测性。

　　最后，对于为什么跨越鸿沟的时候要专注于利基市场，我们还有第三个令人信服的理由，跟取得市场领导地位的必要性有关。实用主义客户希望从市场领导者手中购买产品。他们的动机很简单：整体产品是围绕着市场领先的产品成长起来的，而不是其他产品。也就是说，苹果和安卓移动设备的应用程序比 Windows 8 或者黑莓多得多，为思科（Cisco）路由器和交换机提供技术支持的人才分布要比瞻博（Juniper）更广。这种增值型基础设施不但丰富了产品的价值，而且还使获取技术支持变得更简单，供应商和客户都不必付出额外成本。

实用主义者非常清楚这种效果。因此，也许是无意而为之，但实用主义者总是不约而同地把某个公司或产品确立为市场领导者，然后不遗余力地维护其领导地位。在主流市场初期，他们推迟做出购买决策，导致产生鸿沟效应，主要原因之一就是他们想要百分之百确定谁将是市场领导者，他们可不想支持边缘地带的公司和产品。

现在，你要跨越鸿沟，顾名思义，你就不是市场领导者。问题是，如何才能加速成就市场领导者地位呢？这是一个简单的数学问题。要成为某一个市场的领导者，你需要占据最大的市场份额——通常是初期占新增销售额 50% 以上，随后可能只占 30% ~ 35%。那么，在未来任意一段时间内，假设是未来两年内，你希望创造多少销售额，然后将这个数字翻一番，这就是你要主导的那个市场的规模。其实，准确地说，这就是该市场的最大规模，因为计算时假设你所有的销售额都来自一个细分市场。所以，如果我们想早早就确立市场领导地位——其实每个公司都想，因为我们知道，实用主义者喜欢从市场领导者那购买产品，而且我们的首要营销目标就是创造一个可以参照的实用主义客户群，那么唯一正确的策略就是做"小池塘里的大鱼"。

重要的事情讲三遍：细分市场！细分市场！细分市场！采用这个策略的另一个好处：你可以直接"统治"一个市场。也就是说，如果你被实用主义者确立为市场领导者，从此以后，他们还会不约而同地帮助你维持市场主导地位。这就意味着，其他竞争者——无论规模大小，或者产品有什么附加功能，都将面临巨大的进入壁垒。诚然，主流市场客户会埋怨你的产品功能不足，并坚持要求你升级产品，跟上竞争的节奏。但事实上，主流市场客户喜欢被"统治"，因为这样可以简化他们的购买决策，提升整体产品的质量，降低拥有整体产品的成本，而且还会给他们一种"供应商屹立不倒"的安全感。他们要求得到你的关注，但他们是站在你这一边的。因此，一个被统治的市场类似于一份年金保险，顺境时是锦上添花，逆境时是避难之所，而且收益的可预测性更高，销售成本更低。

基于以上原因——整体产品效应、口碑传播效应、市场领导地位，在跨越鸿沟的时候，你必须选定一个或者两个狭窄的细分市场，集中力量进入并成为领导者。这就是你的目标，你一定要为此全力以赴，否则，你成功到达主流市场的机会就会非常渺茫。

微软是怎么成功的呢

首先我要承认，据我所知，微软从未遵循我一直大力倡导的利基战略。它也从未实施过 D-Day 战略。相反，微软公司一贯采用的是"埃维尔·克尼维尔策略"：无视鸿沟，勇往直前。那么，究竟微软是何以取得如此成功的呢？人哪怕只有一丁点理智都懂得模仿成功者，那为什么人家不去遵循微软的模式，而是遵循你提倡的模式呢，摩尔先生？

在此，我想到法律界的一个说法：大案件出坏法，微软就是类似的大案件。微软的发展历史非常独特，几乎不可能用作其他公司战略决策的先例。所以其他公司在做战略决策时基本上无法参照微软的经验。微软先是从 IBM 公司得到了个人计算机操作系统的特许经销权，随后又将此据为己有，微软的三大技术 Windows 操作系统、NT 和 Internet Explorer 浏览器就是个人计算机操作系统的直接延伸。

这种行为是普罗米修斯式的——从神灵那里偷来火种送给人类。这不是不诚实，这是神来一笔。不过，这里的关键在于，微软从一开始就被视为事实上的标准。它诞生于 IBM 公司创造的需求龙卷风之中，财大气粗，资源丰富，它的所有市场开发行为都建立在这个基础之上。

由于地位得天独厚，微软可以从别人那里借鉴新技术，而不是靠自己来做技术研发。换句话说，微软的成功主要是因为它能够迅速跟进和完善别人发明的新技术。无论是直接从苹果的 Macintosh 衍生出来的 Windows，还是直接从网景的 Navigator 衍生出来的 Internet Explorer，显然都是如此。Office 也不例外，其主力产品（Word、PowerPoint 和 Excel）都是在从 DOS 向 Windows 过渡的过程中超越了其他成熟的供应商（WordPerfect、Adobe 和 Lotus）。

我们这样说，并非嘲讽微软常遭指责的缺乏创新问题，而是赞扬它的市场开发策略。在 20 世纪 90 年代的客户机 / 服务器革命中，市场上所有的客户机都是微软的。所以，在鸿沟中靠近实用主义者市场的那边，微软拥有一片永久的飞地。可以说，微软控制着主流市场的大门。当野蛮人带着颠覆性创新产品出现在市场上时，它可以关上大门。当它自己的相应版本出现在市场上时，它可以打开大门。其实，这扇大门就是比尔·盖茨（Bill Gates）的大门（gate），而且特许经销权确实能带来丰厚的利润。直到颠覆性的移动设备和云计算出现，微软的霸主地位才有所撼动，但那已经是十年之后的事情了。即便是现在，微软拥有的现金流也让科技产业的任何一家公司羡慕不已。

这当然是非常耀眼的成功，但是微软并不是其他高科技企业可以参照的范例。微软过去能够（也许现在仍然能够）同时在鸿沟左右两边的市场如鱼得水，游刃有余，但是其他大部分公司在跨越鸿沟的时候都是孤立无援的。不仅如此，它们还需要面对微软的阻力。闯入主流市场就像是入室行窃，要突破阻力，破门而入，要兵不厌诈，甚至还要经常东躲西藏。制订全球性攻击计划，同时全线出击，这种策略只适合早已在全世界完成排兵布阵的市场领导者，它们才有可能所向披靡，无所畏惧。但是，如果初出茅庐的挑战者也依样画葫芦，那实在是过于愚蠢了。相反，我们必须谨慎选择攻击目标，集中火力发动猛烈攻击，拿下阵地后马上掘壕防守。

利基市场之外

说了那么多利基市场的关键作用，我们也需要承认，拿下利基市场之后还有很长的路要走，拿下利基市场绝不是终点。虽然利基市场也会不断更新、扩大，拓展到新的细分领域，但是，夺取主流市场领导地位的目标最终会超越利基市场，被提上重要议事日程。的确，主流市场才是真正赚大钱的地方。显然，这是跨越鸿沟之后的事情，但是我们从一开始就应该做好规划。就像诺曼底登陆的战术目标是拿下诺曼底海滩，但是战略目标是解放西欧一样，我们的营销战略也需要有一个战略目标来指导我们眼前的战术选择。

　　要超越第一个瞄准的利基市场，关键在于选择一个具有战略意义的目标细分市场，由此入手开拓新市场。也就是说，要盯准一个细分市场，借助这个细分市场与其他市场的联系，创造进入其他相邻细分市场的切入点。例如，早在 20 世纪 80 年代，苹果的 Macintosh 刚跨越鸿沟时，它选择的目标细分市场是《财富》世界 500 强的图形艺术部门。这并不是一个很大的目标市场，但是这个市场要负责一个极其重要，但标准又非常分散的业务流程——为企业高管和营销专家制作产品陈述与演示文件。事实上，细分市场相对狭窄反而是件好事。因为足够小，所以苹果能够迅速将其占领，并成功将苹果的专属操作系统确立为公司内部的合法标准（这有违 IT 部门的意愿，IT 部门希望每个人都使用 IBM 的个人电脑）。

　　更重要的是，在拿下了图形艺术部门之后，苹果能够利用这一胜利果实攻占公司内部的相邻部门——首先是营销部门，然后是销售部门。营销人员发现，如果他们自己来做演示文件，他们还可以在去展会途中更改演示内容。销售人员发现，有了 Macintosh，他们就不必依赖营销人员了。与此同时，图形艺术领域这一块滩头阵地也延伸到了与图形艺术人员打交道的外部市场——创意公司、广告公司，还有最后的出版发行机构。所有人都在用 Macintosh 传送各种图形资料，结果就是苹果在一个"非标准"的平台上打造了一个标准化的完整生态系统。

到达诺曼底海滩之后，下一步要去哪里？也就是说，我们如何才能找到一个具有战略意义的目标细分市场？这是本书下一章的话题。在那之前，我们先了解一下知名公司的成功案例，看看它们是如何集中力量攻占利基市场，最终成功跨越鸿沟的。

成功跨越鸿沟的案例

下面我们将讨论三个成功跨越鸿沟的案例，分别对应企业计算（即企业信息系统）"堆栈"的三个不同层次。第一个是 20 世纪 90 年代初推出的内容管理数据库软件 Documentum，该软件在支配服务器和网络的系统软件上运行，是终端用户看不见的软件，跟后面两个案例很不一样：Salesforce.com 最初的旗舰产品是终端用户应用软件，而 VMware 的旗舰产品则恰恰相反，是直接在硬件和操作系统上运行的系统软件。

为什么要做如此区分呢？应用层的软件程序是"天然纵向"的，因为它们直接与终端用户对接，而终端用户是按照地域、行业和职业来分类的。所以，应用层软件产品很容易就能找到跨越鸿沟所必需的滩头阵地。然而，到了技术采用生命周期的后期，随着解决方案的通用化，横向策略通常会更有成效。当然，对于应用产品来说，这是一个更难应对的挑战。

相比之下，基础设施类产品正好相反。它们是"天然横向"的，因为与机器和其他程序对接，其价值其实就是提供一个稳定、标准的接口。它们不适合纵向营销，作为产品，它们在不同的利基市场上变化不大。

但不幸的是，实用主义客户很少会一起采用新技术。通常，创新技术首先被一个小众群体所接受，这个小众群体的问题非常紧迫，因此他们走在了众人的前面。其余的客户会为此感到高兴，因为他们可以免费观摩新技术的使用效果，不必承担任何直接风险。利基市场将会是赢家（如果滩头阵地战略得到正确实施的话），因为以前它无法解决的问题现在找到了最先进的解决方案。供应商也将是赢家，因为它至少得到了一部分实用主义者的认证，证明其产品是名副其实的主流产品。

因此，由于技术采用的动态性，而不是因为产品本身的任何利基属性，颠覆性基础设施软件的供应商也必须采取纵向营销的方式来跨越鸿沟，尽管这看起来不太符合常规。好消息是，以后大众市场出现，横向营销占上风的时候，它们就更容易把握机会了。

那么，现在回到案例讨论，我们将从跨越鸿沟的祖师爷开始，实际上这是有意识地运用该模式的第一个巨大成功，时间就在"当年"客户机－服务器架构刚刚风靡，甚至还没有人谈论互联网的时候。

Documentum: 文件管理应用程序公司跨越鸿沟

1993 年，当杰夫·米勒（Jeff Miller）接手 Documentum 时，尽管该公司从施乐公司分拆出来时"免费"继承了丰富的文档管理技术，但是公司收入在随后的三年里没有任何起色，一直维持在 200 万美元的水平。这是一家公司跌入鸿沟之时的典型表现。在杰夫上任一年之后，Documentum 的收入开始不断增长，先是达到 800 万美元，然后是 2500 万美元，再到 4500 万美元（并成功上市），然后飙升到 7500 万美元。这可是一个世界级的跨越鸿沟胜利，杰夫和他的管理团队到底用了什么方法呢？

其实，他们就是把第一版的《跨越鸿沟》作为公司的市场发展蓝图。他们知道自己的公司正处于鸿沟之中，也知道脱离鸿沟的第一个关键就是选择一个细分市场作为滩头阵地。于是他们调查了当时的所有客户，详细了解客户体验，然后将目标锁定在一个非常狭窄的细分市场：《财富》500 强制药公司的注册法规事务部门。

如今全世界也只有 40 多个这样的部门，即使是规模最大的也才有几十人，那为什么一家公司要把市场范围从"所有大型企业中需要处理复杂文档工作的一切人员"，缩小到全世界加起来可能只有一千人呢？

这个问题的答案就是，在选择跨越鸿沟的目标市场时，关键不在于涉及多少人，而在于这些人经受的痛苦有多大。以医药行业的注册法规事务部门为例，他们的痛苦是常人难以忍受的。他们要把《新药审批申请表》提交到全球一百多个不同的监管机构。必须在制药公司拿到新药的专利之后，新药的审批过程才能开始。新药专利的有效期限是 17 年，在 Documentum 的应用程序面市的那个年代，一种成功获批上市的专利药品平均每年创造的收入大约为 4 亿美元。但是，一旦药品的专利权失效，其经济收益就会急剧下降。审批过程耗费的每一天都是对新药品专利期的浪费。制药公司第一次提交申请就需要花上几个月的时间——不是花几个月的时间获得批准，而是花几个月的时间提交申请！

　　这是因为新药审批申请文件非常复杂，长度从 250 000 页到 500 000 页不等，材料来源极其广泛——临床试验研究、信件、药品制造数据库、专利局、研究实验室笔记本等。所有材料必须及时确定下来作为底本，随后所有的更改都要做好标记和跟踪。这是一个噩梦一般的难题，而且让制药公司付出了巨大的代价——几乎每天要耗费一百万美元！

　　通过解决这个每天耗费百万美元的难题，Documentum 赢得了非常忠诚的客户。但这种忠诚并非来自 IT 部门，IT 部门基本上满足于与现有供应商合作，慢慢改进现有的文档管理基础设施。这种忠诚来自公司高层，他们认为，使用 Documentum 的应用程序可以重新设计整个流程，得到一个完全不同的结果。所以，他们推翻了内部人员的反对意见，要求公司所有人支持新的文档管理模式。这是跨越鸿沟的一个标准模式，通常是职能部门牵头（他们遇到了问题），管理部门确定优先级（这个问题让整个公司都痛苦），技术部门跟进（他们必须使新系统正常运作，同时还要维护所有旧系统）。

在短短一年的时间里，Documentum 就证明了自己能够解决这个问题，前 40 家制药公司中大约有 30 家已经承诺采用 Documentum 的解决方案，这就是 Documentum 的收入增长到 800 万美元，然后再飙升到 2500 万美元的原因。但是，此后 Documentum 的销售收入则来自利基营销的保龄球效应。

在制药公司内部，Documentum 已经成为所有文档管理任务的标准，所以不仅注册法规事务部门使用 Documentum 的应用程序，其他部门也开始使用，先是研发部门，然后是生产车间。在进入生产车间之后，工厂承建商和维修承包商利用 Documentum 的应用程序来整理和维护工厂的所有系统文件与程序文档。它们知道相关加工行业的工厂也有同样的需求，于是它们把产品推荐给管制化学品制造厂、非管制化学品制造厂和炼油厂。炼油厂是石油行业的下游企业，在使用 Documentum 的应用程序时，炼油厂的 IT 人员发现，原来还有一个工具可以解决勘探和开采的一个重大难题。勘探和开采是炼油厂的上游业务，这里的重大难题就是可租赁物资的管理问题——哪些物资可以出租，哪些物资已经出租，牵涉到哪些人等。这是一堆突发情况，而且相互关联，由于没有文档管理系统，只能依靠口述和纸质文件来记录与管理，稍不留心就会变成一团乱麻。Documentum 正好来拯救他们于水火，这是又一次重大成功。这一次还引起了华尔街的注意，他们认为，这款软件可以让他们更好地控制掉期交易和衍生品业务。到头来，事实证明，金融服务是 Documentum 最大的客户群——但重要的是，这不是跨越鸿沟的正确目标市场，金融服务的需求虽然更普遍，但并不像制药行业那么迫切。

正是以上一系列连锁事件让 Documentum 的销售持续腾飞，收入一直攀升至 1 亿美元以上。可以说，这是利基营销策略发挥到极致的一个案例。这一系列的连锁事件有两个关键之处：第一，击中 1 号瓶，拿下滩头阵地，顺利跨越鸿沟（这三步用了三个比喻哦）。1 号瓶的大小不重要，但是它所解决的问题的经济价值很重要。这个问题越严重，目标利基市场就会越快把你从鸿沟里拉出来。从鸿沟出来之后，你向其他利基市场扩张的机会就会大大增加，因为你已经拥有一批忠诚的实用主义客户在背后支持你，同为新供应商，他们支持你的风险比支持其他人要小得多。

第二，做好进军其他细分市场的规划，充分利用拿下第一个利基市场的解决方案，继续向其他细分市场推进。这一步会让你重新定义跨越鸿沟的经济收益——不是你能从第一个利基市场赚到多少钱，而是从第一个利基市场赚到的钱加上随后所有利基市场的收益。如果用打保龄球做比喻，那你要估算的就是一击全中的得分，而不是只击中 1 号瓶的得分，应该按照这个思路把收益计算出来。这一点对任职于大型企业的企业家尤其重要，因为他们必须与更大、更成熟的市场机会竞争，才能得到融资。在高管会议上，如果高管们看不到其他细分市场，如果他们的眼中只有第一个利基市场，那他们就不会同意为项目提供资金。如果你反其道而行之，向他们展示一个整合的大众市场，而且市场开发将会横向推进，很快就会实现超高速增长，那么，他们会提供融资，但是如果你不能迅速创造出惊人的业绩，他们很快就会解雇你。保龄球模型让你既能专注于眼前的市场，把烧钱的速度降下来，有针对性地推进市场开发，又能着眼于更多细分市场，从而得到更大的收益。

Salesforce.com：软件即服务公司跨越鸿沟

自企业级应用套装诞生之日起，软件都是作为产品直接交付到客户公司的数据中心，然后安装到电脑上，集成到存储和网络系统中。为此，客户公司不得不投资大量资金，用于购买资本设备，增加 IT 专业人员的运营预算。此外，客户公司还需要完成大量的系统集成工作，付出的成本通常是软件本身的几倍，有时甚至高达十倍。等到软件安装完毕，市场上往往会出现一个新软件，但是安装新软件实在太费劲了，所以客户公司通常会选择一次又一次系统升级，拒绝所有新的创新软件，原因很简单：往系统里增加新软件实在太麻烦了。这个问题必须有一个更好、更便利的解决方法。

Salesforce.com 成立后，创始人兼首席执行官马克·贝尼奥夫（Marc Benioff）向世界宣布，的确可以有一个更好、更便利的解决方法，而且这个方法将意味着"软件的终结"。这个方法被称为"软件即服务"，后来缩写为 SaaS，其理念是，软件只需要在供应商的数据中心安装和运行，多个客户通过互联网可以同时访问和使用软件。每个客户的数据都与其他客户的数据隔离，整个运营环境采用最新的技术确保安全，由最厉害的技术专家来管理。客户不需要建立数据中心，不需要花高价聘请 IT 专业人员，也不需要雇用系统集成商来启动和运行系统。至少可以说，这个方法是颠覆性的——对客户而言是颠覆性的，对整个依赖旧模式生存的应用生态系统而言更是颠覆性的。

你威胁到这么多人的生计，不可能不引起抵制，而且抵制确实存在。企业生态系统纷纷惊呼，这样的系统本质上就存在安全问题，只有傻瓜才会把自己公司的数据储存在"云端"。个人电脑生态系统也纷纷惊呼，这样的应用本质上必须依赖网络，导致响应时间不稳定，操作起来比在公司内部服务器运行软件更加复杂。持怀疑态度的分析人士也认为这个想法过于超前，将其视为另一个必然消亡的网络概念。大多数人甚至怀疑 Salesforce.com 能不能走得到鸿沟阶段，更不用说跨越鸿沟了。然而，事实证明，Salesforce.com 已经成为历史上发展最快的软件公司，截至本章撰写时，其销售额已接近 40 亿美元，即使已经达到这种规模，增长率也超过 25%。他们是怎么做到的呢？

有趣的是，他们并没有瞄准一个纵向市场。相反，他们按照以下几个思路来做市场细分。

- 他们的目标只是销售人员和销售经理，而不是客户服务，也不是营销人员。
- 他们瞄准的是中型企业，这些公司规模合适，既足够大，需要使用企业信息系统才能更好地与同行业的市场领导者竞争；同时又足够小，无法承担安装和维护企业信息系统所需的 IT 投资。

- 他们只关注美国市场，一是为了贴近客户，二是因为美国从来都是率先采用创新企业软件的国家。

- 他们把重点放在了精通技术的行业，从高科技企业开始，然后拓展到电信、制药和金融服务业。

他们解决的问题其实很简单，就是真正成为基层销售人员的好帮手。传统的销售自动化软件是面向企业高管的，用来帮助他们做预算和预测。而 Salesforce.com 的设计初衷是为了帮助销售人员，让他们和销售经理能够直接了解他们的销售管道，准确地显示每个潜在客户所处的阶段，提醒他们可以采取的行动，使潜在客户进入下一个阶段。其他竞争对手的软件必须大费周章才能保持更新，但是在日常工作上却起不到什么帮助作用。Salesforce.com 则是一个真正的生产力工具。

销售人员喜欢这款软件——相信我，这可是破天荒第一次。因为他们喜欢它，所以他们把它推荐给其他销售人员，结果是使用的人越来越多。这并不是因为某个首席信息官宣布这是公司采用的新软件，而是因为各个团队可以自行注册，完全不需要首席信息官的帮助，或者在某些情况下，甚至不必得到首席信息官的批准。最后，由于软件即服务是以订阅的方式销售的，所以让客户继续使用产品非常符合 Salesforce.com 的利益，而且因为他们是自己运行软件，所以他们可以看到谁在使用，谁没有使用，然后根据这些信息来提供有针对性的支持服务。相比之下，虽然套装软件供应商已经提供类似自助餐的全企业范围内许可授权模式，但事实上套装内的很多软件都无人使用，而且也没有人觉得有何问题，更没有足够动力改变现状。因此，无论 Salesforce.com 在哪里落地，都会不断扩张，而且阻力很小，如入无人之境。

由此可以总结出一个重要的经验：你要瞄准一个滩头阵地，而且这个滩头阵地要符合以下条件：

- 规模足够大，具有影响力。
- 规模足够小，能够拿得下。
- 非常适合你的创新产品。

这就是 Salesforce.com 的策略。比起追求一个集销售、服务和营销功能于一体的应用程序，把目标压缩到一个部门的活动和预算反而能够赢得更多的领地。如果是前者，那就需要获得多部门的批准，这就给了既存企业很多机会来破坏或至少减缓其增长。Salesforce.com 关注的行业主要都在美国，都是"精通技术"的，而且销售人员比从事其他职业的人更喜欢跳槽，所以有很多交叉传播的机会，于是需求就像病毒一样迅速传播开来。

既存企业就算想阻挡 Salesforce.com 也无能为力。唯一可以尝试的方式就是将 Salesforce.com 拒之门外。这在短时间内可能有用，但是不久之后，美林证券屈服了，同意购买一万个服务账号；其他金融服务公司也很快倒戈，然后攻击全面开花，Salesforce.com 大获全胜。当然，这个时候，这家公司早已将鸿沟远远甩在身后了。

VMware：颠覆性基础设施软件公司跨越鸿沟

VMware 公司开发的软件可以将电脑"虚拟化"。这是什么意思呢？基本上就是他们开发的软件接管了一台电脑，让两个不同的操作系统同时在这台电脑上运行，而且每个操作系统都可以独立控制其运行环境。也可以反过来，软件同时接管两台或更多的电脑，让它们就像一台电脑那样运行。无论是哪种方式，应用程序的运行环境都不是真实的电脑，而是一台"虚拟"的电脑，是专门为运行该应用程序而设计的。

好吧，但那又怎样呢？当然，每次遇到颠覆性创新产品，我们都会提出这个问题，而答案总是按照技术采用生命周期的顺序依次展开。下面就是 VMware 对这个问题的回答。

VMware 的第一个用例来自那些想在同一台电脑上同时运行 Windows 和 Linux 操作系统的科技人员。这就好比想让一辆汽车同时使用汽油和压缩天然气一样——除非你是技术专家，否则你根本不可能感兴趣。但是，如果你确实要写代码，同时还在一个大型企业工作，那么你很可能希望你的电脑既能够运行公司的标准业务应用程序（通常在 Windows 操作系统下运行），又能够运行正在开发的技术应用程序（通常在 Linux 操作系统下运行）。在这种情况下，能够在一台电脑上完成所有工作真是一大便利。因此，当 VMware

以 99 美元的价格推出第一款可通过互联网下载、针对个人电脑售后配件市场的产品时，它就在技术狂热者市场中占据了有利地位。

VMware 接下来推出的两款应用或多或少是这一理念的延伸，为同样的软件创造了更广阔的发展空间，主要吸引的还是技术狂热者。第一款应用让用户能够在同一台电脑服务器上运行两个 Windows 应用。理论上不用 VMware 的产品也能做到——微软的 Windows 操作系统本身就支持这种功能，但在实践中会遇到很多问题，所以人们干脆就不用这个功能。因此，有很多电脑服务器就专门用于运行一个应用程序，这样做的成本是很高的，特别是第二个或者第三个应用程序并不常用的情况，那成本就更高了。VMware 的这款产品就是为同时运行两个操作系统而设计的，所以就算这两个操作系统完全相同也毫无关系。而且它足够强大，两个应用可以同时运行，在 Windows 系统里会出故障的情况，也能正常运行。这是技术敏锐的 VMware 取得的又一个小小的胜利。

还有另一种虚拟化思路：在两个或者多个服务器上运行一个应用程序。这种思路针对的问题是：应用程序的使用量太大，服务器上没有空间了。传统的解决方案是购买一台更大的服务器，而 VMware 的解决方案是使用第二台服务器的空余容量——无须多花一分钱。在预算充足的时候，你可能不用担心花钱问题。互联网泡沫危机之后，IT 部门的压力越来越大，必须用更少的资源做更多的事情。VMware 公司又取得了一次胜利。

所有这些成功都发生在到达鸿沟之前，这一阶段的客户主要是技术狂热者，他们能够运用技术知识来解决极端问题。要想跨越鸿沟，你需要一个通过采用新技术来解决难题的用例，而且这个难题反复出现，用既有方法无法解决。在 VMware 的案例中，帮助 VMware 跨越鸿沟的用例出现在软件开发生命周期的测试阶段。

想象一下这样的情景：你是程序员，基本上是自己开发代码，在自己的机器上测试程序、修复漏洞。但是，到了某个时候，你总得让程序上线，在生产环境里运行，在那之前，你得在生产环境的配置下先做一做测试。你不可能真的把代码放到生产环境中运行，所以你得搞来很多台电脑平行运行——那可是相当大的计算能力，模拟一个生产环境作为测试环境。此外，你只需要做一做测试，在相对较短的时间内就可以完成，然后就会把程序上线运行，测试台也就不再需要了。但是，这样子"搞来搞去"的成本是很高的——既要有硬件，又要对系统进行精确配置，以准确地模拟生产环境。

就在你绝望的时候，VMware 来拯救你了。你不仅可以重复使用已有的硬件，还可以"保存"专门的测试环境，在需要使用的时候，只需要一瞬间就可以加载回来。这意味着一个硬件配置可以模拟任何数量的生产环境用例，而且几乎是根据需求供应的。对于每一个系统管理员来说，这都是天大的好事。正是这样一个用例让 VMware 成功跨越了鸿沟。

跨越鸿沟之后，从第一个用例又延伸出一连串新用例，推动 VMware 持续快速发展，在撰写本章时，公司估值达到 50 亿美元。

系统管理员的需求处理完毕后，焦点就转移到了 IT 运营经理身上。话已经传出去了——我们必须用更少的资源做更多的事情，那我们应该如何在硬件上省钱？答案是，将我们的个人电脑"虚拟化"。结果发现，未使用的硬件容量是惊人的——高达 90%！就像有人备份了一辆卡车的个人电脑，现在开始卸货一样。你还会对这一时期的 VMware 像野草一样疯狂生长感到奇怪吗？

后来的用例涉及可靠性问题（"电子邮件服务器好像再也不会宕机了"），让运营副总开心了许多；还有敏捷性问题（"云这个东西真的很酷"），让首席信息官的脸上也露出了笑容。总而言之，虚拟化已经成为一种普遍的计算策略，是所有应用程序配置服务器的基本原则。当然，这个时候的 VMware 已经离开鸿沟很久了。但是，你要明白，这是他们从一开始就怀抱的梦想。由此，我们可以得到一个重要经验：尽管这个梦想十分宏大，与每一位运营副总和首席信息官都息息相关，但是，让他们跨越鸿沟的英雄，却是那位面临如何模拟生产环境进行软件测试这一利基市场问题的低级系统管理员。

从理论到实践

以上三个案例解释了跨越鸿沟的理念。现在，我们要从理论转到实际操作。在接下来的四章，我们把跨越鸿沟这个挑战分成四个部分。首先，我们要探讨如何选择攻击点，或者说跨越的位置、滩头阵地或者保龄球之 1 号瓶。其次，我们会看看什么样的产品能够拿下第一个目标市场，以及资源有限的创业公司应该如何开发这样的产品。再次，我们会把目光放远一些，找出那些想方设法让我们从海滩撤退，重新落入鸿沟之中的竞争对手，思考我们选择什么样的市场地位才能最终取得成功。最后，我们将着眼于销售系统、定价策略和分销渠道，选定适合这个特别脆弱的时期的营销策略。

　　在应对这四个挑战的过程中，我们要坚守一个重要态度：在你的创业史上，跨越鸿沟是一个独一无二的时期。这个时期既不同于你的过去，又不同于你的未来。在过去，你取得成功的关键在于能否向高瞻远瞩者推销产品；而在未来，你的市场扩张计划，要么专注于利基市场，要么专注于大众市场。而你正处于过去和未来之间，这是一个独特的过渡时期，你要向主流市场渗透，这个过程类似于入室行窃、破门而入，需要采取特别的策略，有别于技术采用生命周期的其他任何时候。

第 4 章　确定攻击点

对于如何跨越鸿沟，美国棒球传奇人物尤吉·贝拉（Yogi Berra）有一句话说得很对：

> "如果你不知道要走向何方，那你就不知道将会到达何处。"

跨越鸿沟的基本原则就是找准一个具体的利基市场作为攻击点，集中所有资源全力进攻，以最快的速度拿下利基市场的领导地位。其实这就是一个很简单的市场进入问题，正确的做法也已是众人皆知。首先，把所有潜在客户划分为若干细分市场。其次，评估每个细分市场的吸引力，把目标细分市场减少到几个"最终候选"。再次，逐一评估几个重要因素，例如市场利基有多大、是否能获得分销渠道、竞争对手的防御力度等。最后，你从中选择一个目标市场，全力攻击。这有什么难的呢？

我也不知道。当然，这只是我的经验之谈，但似乎还没有哪家公司能做好。也就是说，很少有客户是带着市场细分战略来找鸿沟集团咨询的，就算有，他们也对自己的战略不甚自信。他们可都是聪明绝顶之人，很多都读过商学院，对市场细分战略了如指掌。因此，他们的市场细分战略做得不好，原因不是头脑愚笨，也不是缺乏知识，而是高风险、低数据决策的麻痹效应而导致的优柔寡断和患得患失。

高风险、低数据决策

我们已经知道，跨越鸿沟是高风险行为，一支初出茅庐、无人知晓的攻击部队试图抢滩登陆，与凶猛、成熟的竞争对手展开厮杀，抢占领地。在此过程中，要么取得成功，要么失去公司的大部分甚至全部股权价值。总而言之，高风险、低数据决策事关重大，稍有不慎，后果将不堪设想。

在此基础上，你再设想一下：你要做出自公司诞生以来最重要的营销决策，但是你手上几乎没有用得上的硬信息。我们要选择一个尚未渗透的目标细分市场，既然是尚未渗透，我们在这个细分市场也就缺乏经验。此外，因为我们要将一款颠覆性创新产品引入目标细分市场，所以未来我们会遇到什么样的情况，没有人能够预计。我们将要进入的目标市场以前没有体验过我们的创新产品。曾经体验过我们产品的客户是早期市场的高瞻远瞩者，现在我们的目标客户是早期大众市场的实用主义者，两个群体的心理画像相差甚远。我们现在的决策将会带来什么样的结果，我们必须小心推断。换句话说，我们正处于高风险、低数据的状态。

如果看看市场细分经典案例分析，你也许会发现，这些案例分析的素材都是关于企业在既有市场如何扩大市场份额的。换言之，它们分析的是在有大量数据可供利用的情况下，企业如何决定营销策略。但是，对于在没有市场份额数据，目标客户群尚未成形，甚至连找一个现成的客户做访谈都做不到的情况下你该怎么做，能供你参考的范例非常稀少。简而言之，现在一切只能靠你自己。

在这种状态下，人可能犯的最大错误就是盲信数字，企图从数据信息中寻求安心。数据这东西就像香肠一样，一旦知道它是怎么做出来的，你马上就会对它丧失胃口。即便是最有口碑的调研机构做出来的市场规模预测——例如显示某种技术或产品市场前景光明、被媒体广为引用的预测，也必须建立在多个假设之上。每一个假设都会对预测结果产生巨大的影响，而且每一个假设只是某位市场分析员的判断，虽然有其经验作为依据，但是毕竟也只是其主观看法。所有假设都会在预测报告中详细罗列，但是引用预测报告的人往往选择视而不见。而且，一旦某个数字被媒体引用，那就糟糕了——这个数字就变成真的了。为什么变成真的了呢？因为很快会有人提出新的数字，而且宣称这些数字都是根据"确定"的数字合理衍生出来的，因此都是合理的。

你可以看到，这些数字都相当不可靠，像纸牌屋一样不堪一击。在某些情况下，它们可能还有点用处，比如财务经理必须从宏观层面考虑高科技市场的时候。但是，根据这样的数字来制定跨越鸿沟的营销策略绝对是愚蠢的，就好比在一张世界地图上查找从旧金山机场去轮渡广场的路一样。

可是，有些人就是喜欢这样做。由于决策者对数据的渴望实在是过于迫切，只要图表（如果是曲线图就更好了）的数字出现上升，数字就莫名其妙地被赋予了真实性，并因此而成为高风险、低数据情况下的决策依据。你会听到他们说："20××年这将是价值过亿的市场，只要我们能拿下5%……"，一听到这种话，你应该赶紧拿好自己的钱包，站起来优雅地离开。

当然，大多数到鸿沟集团寻求咨询的人都不会那么天真。他们知道，数字不能提供他们需要的答案。但这并不代表他们对高风险、低数据决策有任何好感。也就是说，他们遇到了阻碍，才到鸿沟集团寻求帮助。鸿沟集团的工作就是帮助他们摆脱这种半瘫痪状态，重新开始行动。

对于这种情况，唯一正确的反应就是承认缺乏数据是跨越鸿沟这个过程的情况之一。当然，你可以在极小范围内自己收集数据，摆脱这种两眼一抹黑的状态。但是，你不能指望一下子就能从低数据状态转换到高数据状态。要跨越鸿沟，你必须迅速采取行动，所以你需要从另一个对你有利的角度考虑如何决策。你要明白，眼下最值得信赖的决策工具，不是理性分析，而是知情直觉（informed intuition）。

知情直觉

虽然我们的文化不喜欢过于依赖非语言交际，但是在有些情况下，偏于直觉的右脑策略比偏于理性的左脑策略更加有效。你可以问问任何一个伟大的运动员或艺术家，或者富于魅力的领导者——问问每一个伟大的决策者，他们会告诉你一个类似的决策过程：在比赛或表演的准备阶段和总结阶段，他们会充分利用理性的分析手段，但是，在上场比赛或表演的那一刻，他们的决策是凭直觉做出来的。问题是，我们该如何充分利用他们的做法，为跨越鸿沟找到一个合理可行的方法呢？

要回答这个问题，关键在于理解直觉（具体而言，是知情直觉）是如何发挥作用的。跟数据分析不同，直觉并不依赖分析具有统计学意义的数据样本，从而得到一个具体的置信水平。相反，直觉只需要分离出几个高质量的图像——也就是数据片段，就能得出结论，直觉只需要这几个高质量的图像就能为更宽泛、更复杂的现实建立模型。这些图像从无数涌进我们脑海的图像材料中脱颖而出，因为它们确实令人难以忘记。所以，处理图像的首要原则是：如果记不住，就不必勉强，因为不值得费那个功夫。或者用一个肯定句式来表达：只记住令人难忘的图像。

在文学作品中，哈姆雷特、希斯克利夫、邓布利多或伏地魔等令人难忘的角色也会脱颖而出，成为某些人类群体的集体象征。在营销领域也一样，目标客户群体也可以贴上标签，比如 X 世代、Y 世代、哥特风、极客、比伯粉、丁克族（双收入，无子女）或亨利族（高收入，但不富裕）。这些标签都只是图像，象征着更大的现实群体，是从许许多多的候选图像中挑选出来的，因为它们非常"契合"人们的认知经验，一提到某个图像，人们就能联想到它所象征的现实群体。因此，每一个图像实际上都是某个群体的一个"典型代表"。

我们姑且将这些"典型代表"称为"群体画像"，因为它们代表了某些群体特有的市场行为。比如，"比伯粉"会到商场购物，模仿摇滚明星，渴求同龄人的认可，抗拒父母的约束和限制——这就说明，要赚他们的钱，采用某些营销策略比其他策略更为有效。高瞻远瞩者、实用主义者、保守主义者也是类似于哥特风或者极客的图像——这是一种更高层次的抽象化。每一个图像都代表了一个群体特有的市场行为，尤其是与采用颠覆性创新产品有关的市场行为，所以我们可以借此来预测营销策略的成败。问题是，这些图像实在是太抽象了，我们需要让它们变得更具体一些，更加针对目标市场，这就是创建目标客户画像要完成的任务。

创建目标客户画像：设想使用场景

首先，请注意，我们在这里创建的不是目标市场画像。在跨越鸿沟的时候，大多数公司从制定营销市场细分策略就开始出问题，因为它们关注的焦点是目标市场或目标细分市场，而不是目标客户。

作为类别的市场是客观的、抽象的，比如智能手机市场、千兆路由器市场、办公自动化市场等。无论是市场的名字还是描述，都无法让人们想到任何令人难忘的图像——它们无法激发人的直觉能力。事实上，它们也不是我们所定义的"市场"——它们指的不是客户群体，而是指竞争者的集合。

我们需要一个更有启发性的理解，才能找到行之有效的策略，成功地向现实中动机复杂的客户推销产品。但是，我们现在还没有真实的、活生生的客户，就算有，数量也还不够多，所以我们只好想象虚构一些客户。然后，一旦我们脑海里有了明确的客户形象，我们就可以根据他们的指引，形成一个真正能够响应他们需求的营销策略。

创建目标客户画像就是一个虚构客户形象的过程，每个人把脑海里想象的客户特征描述出来，交给市场开发决策小组讨论。要尽可能想象更多的客户形象，每一个不同类型的客户，每一个产品应用，都要创建一个客户形象。（事实证明，在达到一定数量之后，客户形象开始出现雷同，在 20 ～ 50 个时，你会发现自己在重复思路，只是稍微做了一些调整而已，其实你真正创建的只有 8 ～ 10

个不同的客户类型。）在建立一个潜在目标客户形象资料库之后，我们就可以运用一套技术来提炼"数据"，挑选几个合适的目标细分市场作为优先考虑的理想机会。当然，这里的"数据"必须加引号，因为我们此时仍然处于低数据状态，只是增加了一些可以使用的材料而已。

实例分析：3D 打印

现在，让我们以推销 3D 打印机为例，看看我们应该如何创建目标客户画像。在撰写本章时，3D 打印技术已得到媒体的广泛关注，所以肯定存在一个早期市场。无论你想得到什么物件，只需要输入该物件的三维 CAD 模型数据，3D 打印机就可以利用聚合物材料通过逐层打印的方式制作出来。各种各样的物件都可以使用 3D 打印机制作模型，比如玩具、珠宝、艺术品、医疗假肢、工业模具等，模型的形状多样性和精致程度都相当惊人。

现在，让我们假设在接下来的几年里，3D 打印机的早期市场将持续存在，继续得到技术狂热者和高瞻远瞩者的支持（前者会说："嘿，昨天做了一双拖鞋，很酷哦，想看看吗？"后者会说："有了 3D 打印，我们就可以改变眼镜架的制造方式——不是先生产再分销，而是先分销再生产！想想吧，这可以减少多少库存，增加多少大规模定制的机会啊！"）。下一代正畸技术领导者隐适美（Invisalign）已经实现 3D 打印工艺标准化，利用 3D 打印技术生产隐形矫治器具，正在彻底改变正畸行业。工业产品制造商为大型 OEM 供货，也采用 3D 打印技术快速制作产品模型，确保在启动大规模生产之前校正模具。汤姆·克鲁斯的电影中也出现了 3D 打印机。在电影中，他用 3D 打印机制作了一把传统安检设备无法检测到的塑料枪。现在，你要向主流市场发起进攻，抢夺传统制造业的市场份额。你会从哪里入手呢？

这是一个"细分市场太多、时间太少"的典型案例，设想目标客户使用场景正是最佳解决方案。下文中我们会通过一个例子展示一个目标客户使用场景的通用模板。目标客户使用场景应尽量简洁，长度不要超过一页。从例子中可以看到，撰写目标客户使用场景涉及很多策略的运用，对整体营销战略的制定也有重大影响。因此，在看这个例子的过程中，我们也要思考每一个步骤对制定营销战略的影响。

目标客户使用场景模板

1. 标题信息。在页面顶部，你要简要注明产品的用户、技术把关者和经济买主。如果是企业市场，关键的数据是行业、地域、部门、职位。如果是消费市场，则是年龄、性别、经济状况、社会群体。

我们的使用场景模板选择的例子是：一个照明设计师要推出全新的家用照明灯具系列产品。具体方案是通过批发商把照明灯具卖给室内装潢师傅和室内设计师，室内装潢师傅和室内设计师使用新产品为相对富裕的客户群体设计和装修房子。在此背景下，我们主要的标题信息如下。

- **经济买主**：最终付钱购买照明灯具的客户。
- **用户**：指导客户选择照明灯具的室内设计师。
- **技术把关者**：安装照明灯具的家庭维修工或建筑承包商。

注意：在现货消费场景，用户、技术把关者、经济买主三个角色往往融合为一个或者两个角色。如果用户是孩子，那么经济买主就是父母，技术把关者随机决定（在我们家的话，肯定是孩子）。如果用户是成年人，那么经济买主往往是其配偶（比如，老婆/老公，我可以买这个小玩意儿吗），技术把关者通常就是用户。但是有一点需要注意：在消费市场中跨越鸿沟是极其艰难的，几乎所有成功跨越鸿沟的案例都发生在企业市场，因为企业市场的资金和技术资源相对丰富，足以消化不成熟的产品和服务带来的挑战。然而，如果新技术已经被采用，而且颠覆来自新的商业模式，那么消费市场自然就会形成，根本不会出现什么鸿沟。（这是另一种市场开发模式，详细内容请参见附录 B 中关于"四个齿轮"的讨论。）

回到我们的使用场景分析，这是一个 B2B2C 模式的价值链，批发商和设计师是供应商和客户之间的中介。明确标题信息的用意其实就是让营销和研发团队把注意力集中在一个具体实例上：客户会如何购买和使用产品。我们称之为"用例"，不要担心注意力过度集中于用例，导致只见树木不见森林——实际上，这时候越集中、越具体，就越好。细节决定成败，设想使用场景就是为了看清楚所有细节，找到一切可能存在的问题。

2. 生活中的某一天（使用新产品之前）。描述一个用户遇到困难的情景，这对最终决策者的购买决定具有重大影响。你要描述以下五个方面的内容。

- 情景或状况：重点描述遭遇挫折的那一刻。发生了什么事情？用户想做些什么？
- 期望的结果：用户想完成什么任务？为什么这个任务很重要？
- 尝试的方法：如果没有新产品，用户会如何完成任务？
- 干扰因素：什么地方出了问题？如何出的问题？为什么会出问题？
- 经济后果：那又怎样？如果用户不能有效地完成任务，会产生什么影响？

以照明灯具为例，我们可以得到以下内容。

情景或状况：戴维是一位室内设计师，他的一个客户十分富有，但是非常挑剔。客户想重新装修客厅和餐厅，要寻找"完美"的照明灯具，戴维对照明产品的要求也很高，两人下定决心要找到真正别具特色的灯具。

期望的结果：找到并购买能够丰富和加强客厅与餐厅设计主题的照明灯具。具体要求是造型醒目、线条简单、色彩柔和，不同的灯具能够体现同一个设计主题的不同层次。因此需要同一个设计师采用同一套材料构思多个尺寸不一、形状各异的设计方案。

尝试的方法：戴维已经在设计区搜寻了好几天，找遍了所有值得信任的商家，收集了大量的灯具产品图片和目录。他跟客户一起看了所有材料，对于自己想要什么样的产品有了越来越清晰的认识，但遗憾的是还没有找到。有几张图片看上去还很不错，但是看到实物之后才发现，其实并不合适。

干扰因素：这个方法的问题在于，戴维和客户希望"共同设计"灯具，使之与家中的其他设计主题完美融合。遗憾的是，市场上的灯具都是设计好的，客户只能从现有产品中选择，整个行业都是如此。此外，展示一整套灯具设计需要增加大量库存，商家需要为此承担极其高昂的成本，因此通常难以做到。所以，产品目录上的很多灯具都看不到实物，只能看着图片购买（如果不满意的话可以退货）。当然，这也是商品零售模式的老问题了。

经济后果：戴维的客户不开心，所以戴维也不开心。看来，他们最后只能退而求其次，选择还可以但不"完美"的灯具。这就会有损于戴维作为设计师的品牌承诺，也会导致客户对戴维兑现承诺的能力产生怀疑。此外，拿到订单的商家也得"退而求其次"，只能跟戴维做一次生意，因为戴维不会成为商家的忠诚客户。

3. 生活中的某一天（使用新产品后）。现在，我们还是有同样的状况，同样的期望结果，但是增加了新技术产品，我们看看事情会如何发展下去。在这里，你只需要描述三个方面的内容。

- 新的方法：有了新产品，用户会如何完成任务？

- 促成因素：新的方法有什么特别之处，能够让用户摆脱困境，提高工作效率？

- 经济收益：用户减少了哪些成本？或者得到了什么收益？

还是以照明灯具为例，我们可以得到以下内容。

新的方法：戴维和客户在网上查看灯具产品图片和目录，已经看了大半个星期，他们最终确定了一个设计方案。这是戴维根据客户的意见，汲取了几个灯具产品的特色绘制而成的新样式。他们拿着这个设计方案，找到一家能够进行 3D 打印的灯具批发商。批发商与一位自由设计师合作，可以扫描戴维的设计图并转换为 CAD 文件。同时，批发商与戴维一起挑选合适的打印材料来制作灯具模型。在 3D 打印机中输入 CAD 文件，放入选定的打印材料，灯具模型就制作出来了。如果客户还想再做调整，那很简单，只需要更新 CAD 文件，然后再次打印出来。此外，通过调整文件中的参数，就可以制作出不同比例的灯具模型，全部根据同一个设计。

促成因素：3D 打印机能够按需生产，既节省了费用，又避免了只能从现货库存中选择产品的无奈。3D 打印技术具有极高的灵活性，因为输入的 CAD 文件和打印材料都可以随时修改，足以满足各种设计需求。在普通电脑上运行的 CAD 软件系统已经足够强大，设计方案调整起来轻而易举。3D 打印机的价位与个人电脑一样，打印速度也足够快，可以在几个小时内制作出模型。

经济收益：戴维的客户对这个结果非常满意，不但愿意支付灯具的加价，而且还很开心地给戴维支付咨询设计费。此外，她还考虑把家里的其他灯具也重新设计和更换。批发商也很高兴能够通过这笔生意来展示实力，而且因为不必再依靠大量库存来支撑实际上相对较小的销量，更是如释重负。同时，照明灯具生产商也看到了危机，所以开始发布适用于 3D 打印的灯具设计。只提供设计，价格肯定会比以前低，但是利润率将会更高。所以，它们最终能够用比过去更少的资本赚到更多的财富。因为设计图是用软件做出来的，在网络上展示设计图要容易得多，不再需要派人花高价租展会摊位摆摊。

使用场景数据处理：市场开发战略的要素清单

创建目标客户画像是我们运用市场细分战略解决跨越鸿沟问题的核心所在，因为它为我们提供了"数据"。假设我们花一天时间，与十来个实战经验丰富的 3D 打印公司员工一起，整理出一个包含 20～40 个使用场景的资料库，我们要从各类客户采集真实的用例，包括所有现有客户、我们感兴趣的潜在客户（无论他们最终是采用还是拒绝 3D 打印技术，或者继续观望），还有我们在过去认识的其他潜在客户。

这不是正式的市场细分调查，真正的市场细分调查耗时太长，而且得出的结果十分枯燥。相反，我们充分挖掘丰富的趣闻逸事，在我们的文化中，趣闻逸事反而蕴含很多商业知识。就像其他趣闻逸事一样，我们收集的使用场景材料也包含虚构之事、不实之词、一偏之见等。尽管如此，使用场景材料还是目前的市场细分阶段最实用、最准确的数据类型。与标准产业分类（SIC）代码相比，它们简直是准确性和完整性的典范。但是，使用场景数据还是比较粗糙，现在我们要按照市场开发战略的要素清单，逐一对它们进行精简和提炼。

这张清单的内容包括制定市场开发战略必须涉及的一系列问题，每一个问题都代表一个跨越鸿沟的要素。

- 目标客户。
- 迫切购买理由。
- 整体产品。
- 合作伙伴与盟友。
- 分销渠道。
- 定价。
- 竞争。
- 定位。
- 下一个目标客户。

使用场景数据的处理就是根据以上要素对每一个使用场景进行评价。评价过程实际上分为两个阶段，第一阶段，根据四个"项目中断者"要素对每一个使用场景进行评价。只要有一个问题得分较低，将来选择滩头阵地时就可以把这个使用场景排除在外。也就是说，在跨越鸿沟之后，这个利基市场可能是一个不错的目标，但是不适合作为跨越鸿沟的目标市场。

第二阶段，继续根据剩下的五个要素评价通过第一阶段筛选的使用场景。在这两个阶段，每个使用场景在每一个要素下都有评分，所有使用场景按总评分进行排序。评价结束之后，总评分排名靠前的使用场景将优先考虑作为跨越鸿沟的目标市场。随后经过进一步讨论，选定一个使用场景作为目标市场——也是**唯**一的滩头阵地。

"唯一"这个词加粗了，是为了回答鸿沟集团被问得最多的一个问题：我们不能同时攻击一个以上的目标吗？简单的答案是：不能。（复杂的答案也是否定的，只是得花上更长的时间来解释。）就像挥一次球棒击不中两个球，扔一块石头打不中两只鸟，或者无法同时刷牙和洗头一样，你不可能同时在两个地方跨越鸿沟。虽然我们已经讨论过这个问题，但是相信我，这个问题无论再提多少次都不为过。

话说回来，我们看看这份清单，有四个要素会产生"项目中断者"，妨碍我们顺利跨越鸿沟。这四个要素如下。

目标客户：产品是否存在一个可以确定的经济买主，而且容易接入我们选用的销售渠道，可支配的资金也足以购买整体产品？如果不存在经济买主，那么，销售团队再怎么鼓吹产品，再怎么努力挖掘支持者，也只是白白浪费宝贵的时间。结果是销售周期无限延长，项目也随时会关闭。

迫切购买理由：不采用新产品的经济后果是否严重，足以让任何一个理性的经济买主迫切地想要解决使用场景中出现的问题？只要实用主义者还能忍受一年，他们就会忍下去。但是他们也会有兴趣继续了解更多信息。所以，你的销售人员会一次又一次受邀去给客户介绍产品，只是每次他们都拿不回采购订单。所以，他们会跟你汇报说："客户说产品演示做得真不错！"其实客户真正的意思是："我又学到了东西，而且我什么都不用买。"

整体产品：在合作伙伴和盟友的帮助下，我们公司能否在未来三个月内为目标客户的迫切购买理由提供一个完整的解决方案，使我们公司在下个季度末就进入目标市场，而且在 12 个月内占据市场主导地位？时间不等人，我们必须马上开始跨越鸿沟，也就是说，我们需要找到马上就能解决的问题。任何一个悬而未决的线索都可能会成为我们的绊脚石。

竞争：是否有另一家公司解决了使用场景出现的问题，从而跨越了鸿沟，赶在我们前面占领了我们瞄准的目标市场？惠普公司的前执行副总裁迪克·哈克博恩（Dick Hackborn）从无到有地创办了激光打印机业务，他最喜欢的一句话是："永远不要进攻加强防守的山头。"选择滩头阵地也是一样，如果其他公司已经抢先占领了滩头阵地，你费力争取以求为你所用的一切市场优势都已经为他人所用。这个时候，你只能放弃这个阵地。

根据这四个要素对所有使用场景进行评分，最高 5 分，最低 1

分。总分算下来，最低是 4 分，最高是 20 分，优先考虑总分较高的使用场景。这里还有一个注意事项：对于任何一个使用场景，只要其中一个要素相对于其他要素的得分非常低，那就几乎可以肯定这个使用场景就是一个"项目中断者"。所以不能单看总分，还要看单项得分。如果有疑问，那就选择"迫切购买理由"得分较高的使用场景。如果已经引来了竞争者，那就看看你是否能采取迂回战术打败它们。可以预计，得分最高的使用场景存在"整体产品的挑战"——要是做整体产品那么容易，别人早就做出来了。正因为做整体产品很难，一旦你提高了解决方案的门槛，自然就会形成进入市场的壁垒，有利于你维持自己的市场地位。

剩下的其他要素属于"多多益善"的类型。也就是说，只要有足够的资金和时间，就算得分比较低，也不是问题。但是，资金和时间是你最为稀缺的两种资源，所以成本更低、费时更少是目标市场使用场景的理想属性。下面我们分别看看剩下的五个要素。

合作伙伴与盟友：我们需要与其他公司一起开发整体产品，那我们是否已经跟其他公司建立合作关系？如果答案是肯定的，那应该是在一个早期市场项目确立的合作伙伴，要不然的话就是运气好。把合作关系搭建起来是整体产品经理必须解决的一大难题。

分销渠道：我们是否有一个既对目标客户具有强大的号召力，又满足销售整体产品要求的分销渠道？

要产生号召力，首先必须熟练掌握目标细分市场喜欢的语言。

我们可以与目标买家和用户建立良好的关系，借助他们的力量来尽快学习和熟悉这个圈子的交流方式。如果这个方法行不通，公司往往就会从目标行业聘请人脉广博之人来带领销售团队重新"杀"入市场。

定价：整体产品的价格是否符合目标客户的预算，是否与修复业务流程所创造的价值相一致？包括分销渠道商在内的所有合作伙伴是否得到足够的补偿，足以让它们保持关注度和忠诚度？

注意，这里说的价格是整体产品的价格，而不是产品本身的价格。配套服务占整体产品价格的比例通常与产品一样，甚至更高。

定位：公司作为供应商向目标利基市场提供产品和服务，是否得到目标客户的信任？

在一开始的时候，答案通常是"不完全信任"。但是，只要你真正做到用心开发能够修复业务流程的整体产品，那你很快就可以克服在进入目标市场时遇到的阻力。这就是利基营销的美妙之处。

下一个目标客户：如果我们成功占领利基市场，那我们的成功是否具有良好的"保龄球"潜力？也就是说，这些客户和合作伙伴是否有助于我们闯入邻近的利基市场？

这是一个重要的战略问题，跨越鸿沟绝不是开发主流市场的终点。事实正好相反，跨越鸿沟只是起点，后续还有更多利基市场等着我们去进攻，一旦成功拿下，那就意味着巨大的利润。要不然的话，利基市场营销的经济意义就无法成立了。

经过第一阶段"项目中断者"筛选之后，对进入第二阶段的使用场景根据剩下的五个要素逐一打分，然后按总分排序。这项工作完成之后，本阶段能够提供的所有"数据"已经提取完毕。接下来的任务就是做出高风险、低数据决策，然后马上开始采取行动。

集中火力

专注于一个利基市场并非易事，尤其是技术狂热者或高瞻远瞩者类型的创业者，他们自己就不是实用主义者，所以不太相信本书介绍的市场动态发展过程。对于他们来说，这是一个生死存亡的关键时刻，他们的创业公司要么跨越鸿沟，要么死掉。要是活着的代价是不能做最好的自己，那人生还有什么意义呢？这个问题真不容易回答。

遇到这么令人讨厌的决策关头，最明智的做法就是迅速做出决定，马上踏入新的征程，在前进过程中修正方向。这是一个"急流泛舟"策略，在电光石火的决策关头，稍有一点犹豫，就会导致翻船覆灭。决定之后，就抛开一切顾虑，朝着选定的方向奋力拼搏，不断前行。跨越鸿沟时也是一样。

而且，就算你没有选择最优的滩头阵地，你也可以成功跨越鸿沟，只要拿下自己选定的滩头阵地就行。如果目标细分市场真的存在痛点，你的目标客户也会助力于你。如果这个痛点难以解决，而且目标细分市场的规模相当小，那就很可能不会有竞争者来分散你的注意力。也就是说，你可以把所有精力都用于开发整体产品，而且你本来也应该专注于此。只要你成功开发出整体产品，那你就赢了。

　　为什么你会改变方向呢？很可能是因为推动项目上马的使用场景本身就建立在一个错误的假设之上。为了避免出现这种情况，你应该在选定使用场景之后马上安排相关人员进行市场调查，核实好相关情况。但是，不要等到调查结束之后才开始推进项目。在鸿沟之中，你的敌人永远是时间。无论在任何时候，你都要加快步伐，奋力前进，就算心有疑虑，也不能停下脚步。既有企业是希望维持现状的，要是你原地踏步，那岂不是正合了它们的意？

是的，规模很重要

　　最终，你要选定一个目标细分市场，但是在拍板之前，有一个问题必须解决，那就是：选定的目标细分市场将会带来多少收入？此时，人们通常会认为，目标细分市场的规模越大越好，但事实上大多数时候都并非如此，下面便是原因所在。

　　要想持续经营，成为一个长久存在的市场实体，你需要开发整体产品，使关键的业务流程得以实现，从而让一个细分市场认可你是事实上的标准。要成为事实上的标准，在未来一年内，你拿到的订单至少占该细分市场新增订单的一半，而且越多越好。只有如此出色的业绩表现才会让实用主义客户感到眼前一亮，才能得到他们的关注。与此同时，你还会从其他细分市场拿到订单，加起来有多少收入，你可以算一算。

假设你明年能从这个目标细分市场获得一半的订单——这绝非易事，更何况你在几天之前根本就不重视这个市场。假设你的收入目标是总共 1000 万美元，也就是说，其中 500 万美元来自这个目标细分市场，同时，这 500 万美元也至少相当于该细分市场总订单额的一半，这样你才能成为市场领导者，赢得市场话语权。换言之，如果明年你要成为收入 1000 万美元的公司，那你就不要进攻一个规模超过 1000 万美元的细分市场。同时，你选择的目标细分市场必须足够大，足以让你从中拿到 500 万美元的订单。所以，跨越鸿沟的经验法则非常简单：规模足够大，具有影响力；规模足够小，能够拿得下；非常适合你的创新产品。

如果你发现目标细分市场规模太大，那就再细分。但是，要注意，必须尊重口碑的边界。我们的目标是成为"小池塘里的大鱼"，而不是四处扑腾，老想着多跨几个泥巴坑。最佳的再细分方法就是按照一般社区的特别兴趣群体来划分。特别兴趣群体通常是因为存在需要解决的特殊难题而形成的，群体内部联系十分紧密。要是目标细分市场不存在特别兴趣群体，那地理区域也可以成为一个稳妥的细分标准。当然，前提是地理区域会影响不同群体的聚集方式。

如果目标细分市场规模太小，新产品在这个市场的销售额无法达到总销售额的一半，那你就得想办法扩大这个市场的规模。此外，你要尊重细分市场的真正边界。如果没有合适的超级细分市场，那你可能需要回过头来，重新选择一个目标。

小结：目标市场的选择过程

我们一直在强调：本章和后面三章介绍的是跨越鸿沟的战术——也就是说，这几章的内容都是相对具体的任务和演练。在大企业里，这样的任务和演练时常有，而且也应该如此。作为章的内容总结，我们在每一章的结尾列了一份任务清单，既可以用来管理团队的目标市场选择过程，也可以用来检验团队营销决策的成效。

选择目标细分市场作为切入点跨越鸿沟，从而进入主流市场的任务清单如下。

1. 建立目标客户使用场景库。动员公司所有人提交使用场景，但是一定要想方设法征求面向客户的员工的意见。不断增加使用场景，直到开始出现类似的使用场景，与现有的使用场景只有细微的差异。

2. 指定一个小组委员会来选定目标细分市场。尽量缩小规模，但是一定要有一个有权否决结果的成员。

3. 给所有使用场景编号，每个使用场景不超过一页纸，制作成电子版。制作一张电子表格，在表格的第一列写上 9 个评分要素，在第一行写上使用场景编号。把评分要素分成两个部分，分别计算总分，"项目中断者"要素得分在上，"多多益善"要素得分在下。

4. 让小组委员会的每个成员独立按"项目中断者"要素给每一个使用场景打分。把每个人的评分汇总成小组评分，同时讨论得分差异较大的使用场景。这个过程往往会暴露对同一个使用场景的不同看法。讨论的过程通常会让不同的看法浮出水面，这不仅有利于准确把握机会，而且也为将来达成持久共识打下基础。

5. 将使用场景按总分高低排序，剔除未通过第一阶段筛选的使用场景。剔除的使用场景一般占总数的 2/3 左右。

6. 按"多多益善"要素逐一对进入第二阶段的使用场景独立打分、计算总分、公布排名，减少使用场景的数量，只剩下得分靠前的几个。

7. 得到结果后，按以下几种情况进行处理。

- 小组就滩头阵地达成一致。在此基础上继续前进。
- 小组无法从最后几个选项中选出一个滩头阵地。把选择目标市场的任务交给一个人，让他建立一个保龄球模型，只要是合适的选项，都放入模型之中，选出 1 号瓶，然后打倒 1 号瓶。
- 所有选项都被毙掉。这种情况确实会发生，如果是这样的话，那就不要去跨越鸿沟，也不要试图扩张。继续接一些早期市场项目，尽可能保持低烧钱率，不断寻找可行的滩头阵地。

第 5 章　集结进攻力量

"我发现，一句好话加一把枪永远比仅仅一句好话管用得多。"

——威利·萨顿（Willie Sutton）

威利·萨顿是美国著名的银行抢劫犯，他这句话说出了任何一位军事将领都会认同的道理：如果要发动侵略，你最好要有武力支持。用更接近我们当前主题的话来说就是，营销就是战争，不是口舌之争。

在即将发动进攻的时候，有谁会想要一套动听的口号，而不愿意要一套先进的攻防武器？谁会花钱买电视广告时间，而不是花钱买导弹和军需弹药？谁会发表慷慨激昂的宣言，而不是与邻国签订保障安全的协议？答案是大多数高科技公司高管。

　　高科技公司高管普遍认为，营销首先是长期的战略思考（如果有时间思考的话），然后是大量的销售战术支持，而在这两者之间只有一片空白。事实上，营销的最大贡献就发生在这两者之间，我们称之为"整体产品营销"。这个术语我们在前文已经介绍过，是我们集结攻击部队的根本前提。

　　想象一下这样的场景：做推销员的时候，我曾经做过一个梦，一个很简单的梦。一个超大型项目招标即将开始，项目预算至少达到 500 万美元，我已经把投标申请书（RFP）发了出去，并认为这一局我铁定能赢。客户已经跟我见了面，我们在一起谈了很久，我给他介绍我的产品的每一个卖点，他全都深信不疑。然后，他根据我的产品调整了需求方案说明，因此只有我的产品能够得到全面评估，这一笔订单铁定是我的了。就在这个时候，梦醒了。

　　好吧，这只是一个美好的幻想。但是，这个幻想在现实世界中也是可以成真的。我们不妨称之为"自定义市场"（wiring the marketplace）。这个概念很简单，就是针对特定的目标客户和应用创造一个市场，里面只有你的产品是合理的购买选项。正如我们在第 4 章所说的，这里要做的第一步是找到目标市场，市场里的客户有充足的理由购买你的产品。下一步就是确保自己能够独占鳌头，是满足客户迫切购买理由的唯一选择。

　　要打造出客户的唯一选择，你首先要明白两个问题：①整体产品有哪些组成部分？②如何组织市场，才能成功打造出融合自己产品的整体产品？

整体产品概念

高科技营销领域最有用的营销学构念之一就是整体产品概念。四十多年前，哈佛大学教授西奥多·莱维特（Theodore Levitt）在《营销想象力》一书中就对此有过详细描述；十年后，英特尔前高级副总裁比尔·达维多（Bill Davidow）在其重要著作《高科技营销》中正式提出整体产品概念。整体产品概念的逻辑非常简单易懂：你在营销时向顾客承诺交付的产品（即强有力的价值主张）跟你实际交付的产品是不一样的，两者之间存在落差。要消灭落差。必须强化产品，增加配套服务和辅助产品，使之成为整体产品。

如图 5-1 所示，莱维特曾经提出了一个形式模型，明确指出体现整体产品完整程度的四个不同层次。

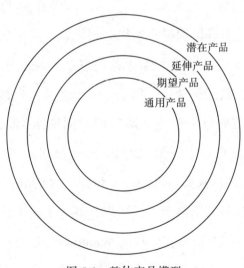

潜在产品
延伸产品
期望产品
通用产品

图 5-1　整体产品模型

1. 通用产品：这是写入采购合同，装在包装盒里，发送到客户手中的产品。

2. 期望产品：这是消费者在购买通用产品的时候心里期望得到的产品。任何产品和服务至少要包括期望产品，才可能基本实现消费者的购买目标。例如，如果你买了一台平板电脑，那你家里至少要配有 Wi-Fi 网络或者蜂窝网络才能使用，但是两种网络可能都需要另外购买。

3. 延伸产品：这是围绕产品增加的各种辅助产品和配套服务，能够最大限度地实现消费者的购买目标。以平板电脑为例，延伸产品包括电子邮箱、浏览器、日历、搜索引擎和应用商店等。

4. 潜在产品：这代表了产品未来的发展空间。随着越来越多的辅助产品上市，系统按照具体客户的建议不断改进，产品也需要与时俱进，不断发展。截至撰写本文时，苹果 iPad 的应用商店大约有 374 090 个应用可供购买，苹果公司完整的应用软件生态可以扩展 iPad 的功能和价值，这也是 iPad 的主要卖点之一。

再看看互联网浏览器这个例子。通用产品就是具备基本功能的网页浏览器，例如首个获得普遍使用的浏览器 Mosaic，后来是网景的 Navigator，再后来是微软的 Internet Explorer，还有近年来比较流行的 Mozilla 的火狐（Firefox）和谷歌的 Chrome。期望产品就是兼容多个平台的浏览器版本，可以在各大主流客户端使用，包括苹果的 iOS、谷歌的安卓和微软的 Windows。延伸产品包括提供其他功能的各种第三方插件。潜在产品将是重新定义客户端，可能不再需要操作系统——没有适用于特定设备的应用，只有无处不在的HTML5 小程序。在服务方面，如果是提供通用产品，那至少要有一个互联网服务提供商；如果是提供期望产品，那至少要有一个带默认搜索引擎的主页；如果是提供延伸产品，那就要预先开发和完善各类功能与体验，在页面增加按键或其他类似设置；如果是提供潜在产品，那首先要做的也许是彻底重构消费者的购买行为。

在一项颠覆性创新产品上市之初，营销大战一开始往往是在通用产品层面打响的。通用产品是整体产品的核心，也就是产品本身。在争夺早期市场的战斗中，战场上的主角是通用产品。随着市场的发展，我们进入主流市场，通用产品日益趋同，战斗开始逐渐向圆环图的外环转移。要想获悉如何才能在主流市场中占据主导地位，我们需要仔细研究整体产品的几个外环的重要性，即美国广播公司主持人保罗·哈维（Paul Harvey）所说的"整体产品的其余部分"的重要性。

整体产品与技术采用生命周期

首先，我们要思考一下整体产品概念与跨越鸿沟有何关系。仔细看看整个技术采用生命周期，我们会发现，沿着曲线从左往右走，越往右边，整体产品的外环就越重要。也就是说，最不需要整体产品支持的客户是技术狂热者，他们喜欢把零零碎碎的部件组装成系统，按自己的想法创造出一个自己满意的整体产品。事实上，自行探索才是他们购买新技术产品的乐趣所在——绞尽脑汁，想方设法，把一些有趣的新功能整合到他们正在使用的产品中。他们的座右铭是：真正的技术专家不需要整体产品。

与此相反，高瞻远瞩者一点也不喜欢自己来组装整体产品，但是他们认为，如果他们要成为业内第一个采用新系统的人，并且因此获得超越竞争对手的战略优势，那他们就必须承担打造整体产品的责任。由于信息系统是企业战略优势的重要来源，高瞻远瞩者对信息系统的兴趣与日俱增，直接的结果就是越来越多人关注系统集成服务。系统集成商也同样可以称为整体产品供应商，因为提供整体产品本来就是系统集成商对客户的承诺。

以上就是位于鸿沟左边的早期市场的情况，接下来是位于鸿沟右边的主流市场。在主流市场，你首先要满足实用主义客户的需求。从一开始，实用主义客户就希望可以随时买到整体产品。他们喜欢像微软 Office 这样的产品，因为几乎所有台式机和笔记本电脑都支持 Office，文件毫不费劲就可以相互传送，在每一家书店都找得到关于如何使用 Office 的书，更不用说各种 Office 办公技能培训和热线技术支持，以及一大批已经熟练掌握 Word、Excel 和 Powerpoint 等 Office 核心功能的办公人员。就算以"大优惠"价格向实用主义者推销另一套办公软件，比如谷歌的办公软件，他们也不愿意更换，因为他们担心谷歌的办公软件缺少整体产品的某些部分，如果更换的话，到头来他们只是自讨苦吃。

因为同样的理由，实用主义者更喜欢 ARM 的智能手机微处理器而不是英特尔的 Atom，更喜欢 Google Search 而不是微软的 Bing，更喜欢苹果的 iPhone 手机而不是 RIM 的黑莓，更喜欢惠普的打印机而不是爱普生的。在以上这些例子里，如果只考虑通用产品的话，实用主义者偏爱的产品说不定质量还差一些，但如果考虑整体产品的话，他们偏爱的其实才是优质产品。

简而言之，实用主义者会评估并且购买整体产品。通用产品，也就是你出货的产品，是整体产品的核心部分，一定不能出错。但是，只要市场上出现两个或更多的同类产品，那么，在通用产品层面增加研发投资的投资回报率就会越来越低，而在期望产品、延伸产品或潜在产品层面增加营销投资的投资回报率则会越来越高。至于如何确定应该在哪一个层面增加投资，那是整体产品规划的任务。

整体产品规划

我们已经看到，整体产品模型让我们对鸿沟现象有了更加深刻的理解。早期市场和主流市场之间最为重要的一个差别在于，前者愿意承担打造整体产品的责任（以便在竞争中抢占先机），而后者则不然。许多高科技公司由于未能认识到这个差异，结果落得一个葬身鸿沟的下场。很多时候，这些公司的做法就像从货车车厢往地上扔干草一样，随随便便就把产品投向市场，一点也不考虑整体产品规划，满脑子幻想着自己的产品那么厉害，客户肯定会成群结队前来购买，第三方合作伙伴也会随之而至。上帝确实为摩西分开了红海，但你有那么好的运气吗？

但是，在希望谨慎行事的公司，整体产品规划是制定市场支配战略的核心内容。除非实用主义者看到有望成为市场霸主的产品出现，否则他们绝不会轻易做出购买决策。一旦做出决策，他们会不遗余力地支持这个产品，将其他候选产品挤出市场，确保他们支持的产品能够成为事实上的标准，而且市场能够围绕这个产品开发出满足他们需求的整体产品。

在这场战斗中，出色的通用产品的确是一个巨大优势，但是要最终取得胜利，通用产品既不是必要条件，也不是充分条件。甲骨文成为市场标准的时候，其数据库产品并不是最出色的。相反，甲骨文提供的只是一个可行的整体产品——基于 IBM 研发的结构化查询语言（SQL）编写的数据库产品，能够兼容所有硬件平台，还有一支锐意进取的销售队伍把产品迅速推向市场。IT 部门的实用主义者就喜欢选择这样的产品。

简而言之，赢得整体产品之战，就赢得了整场战争。此外，认知会反作用于现实，所以你要表现出将要打赢整体产品之战的样子——这是你赢得整场战争的一个重要武器。但是，如果你是假装出来一副将要赢得整体产品之战的样子，那就是一种失败的策略了——在高科技市场，企业之间互相都盯得很紧，瞒不住的。在下一章我们讨论定位的时候，这两者的区别就变得特别重要。

现在，我们要讨论的重点是跨越鸿沟所需要的最低配置版整体

产品。所谓最低配置版整体产品，就是至少能保证满足目标客户迫
切购买理由的整体产品。至于具体是什么样的配置，我们需要通过
一个简化版的整体产品模型来算一算（见图 5-2）。

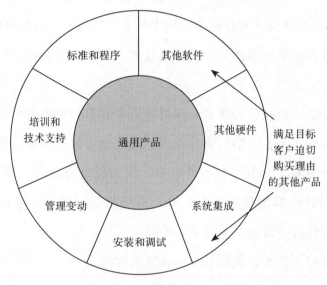

图 5-2　简化版的整体产品模型

　　简化版的整体产品模型只有两个部分：①通用产品；②满足目
标客户迫切购买理由的其他产品。后者是我们为了成功向客户推销
产品所做出的承诺，至于是否兑现，合同上并无要求，但如果要维
护良好的客户关系，我们就必须兑现承诺。在 B2B 市场，如果你
不能兑现承诺，后果将不堪设想。大部分企业采购都十分注重参考
用户反馈，如果你兑现不了承诺，负面口碑很快就会传播开来，你
的销售效率就会急剧下降。

一般来说，高科技公司通常可以将整体产品的 80% ～ 90% 交付给所有目标客户，但是能够交付 100% 的情况少之又少，甚至可以说没有。无论交付多少比例，只要低于 100%，那对于剩下的部分，客户要么依靠自己补上，要么觉得上当受骗。如果明显低于 100%，那就意味着目标市场根本没有发展起来。在这种情况下，就算你放在包装盒里的通用产品比任何一个同类产品都要好，也没有用。

为什么高科技公司无法兑现对投资者和客户做出的承诺？如果刨根问底探究下去，最后你会发现，问题很可能就出在对整体产品营销缺乏重视。这其实是一件好事，因为反过来也是一样的道理，无论面对什么样的目标客户，只要高科技公司能解决整体产品问题，那就解决了市场开发的最大难题。

通过以下例子，我们看看应该怎么做吧。

案例重温：3D 打印机

我们在第 4 章介绍了利用 3D 打印机按照设计师的要求制作照明灯具的例子，现在我们来重温一下"使用新产品后"的场景。先看看场景介绍。

新的方法：戴维和客户在网上查看灯具产品图片和目录，已经看了大半个星期，他们最终确定了一个设计方案。这是戴维根据客户的意见，汲取了几个灯具产品的特色绘画而成的新样式。他们拿

着这个设计方案，找到一家能够进行 3D 打印的灯具批发商。批发
商与一位自由设计师合作，可以扫描戴维的设计图并转换为 CAD
文件。同时，批发商与戴维一起挑选合适的打印材料来制作灯具模
型。在 3D 打印机中输入 CAD 文件，放入选定的打印材料，灯具
模型就制作出来了。如果客户还想再做调整，很简单，只需要更
新 CAD 文件，然后再次打印出来。此外，通过调整文件中的参数，
就可以制作出不同比例的灯具模型，全部根据同一个设计。

　　接下来，我们将结合整体产品承诺对以上场景稍做分析，具体
包括以下几点。

- 批发商与一位自由设计师合作，可以扫描戴维的设计图并转
  换为 CAD 文件。这说明存在行业标准化文件格式，可能是
  AutoCAD 软件的自带格式，属于普遍使用的默认格式。

- 批发商与戴维一起挑选合适的打印材料来制作灯具模型。这
  里的前提是已经存在一种高质量的制造材料，能够满足戴维
  和他的客户的苛刻标准。截至撰写本章时，这一点是这个场
  景的一个薄弱环节。

- 如果客户还想再做调整，很简单，只需要更新 CAD 文件，
  然后再次打印出来。这里的前提是打印材料可循环利用，或
  者足够廉价，可以用完就丢弃。同时也需要打印速度足够
  快，不会出现打印任务大量积压，妨碍制作进程。

- 通过调整文件中的参数，就可以制作出不同比例的灯具模
  型，全部根据同一个设计。这里的前提是 3D 打印几乎不受

物件尺寸限制。同样，截至撰写本章时，这是这个场景的另一个薄弱环节。

我们可以继续分析下去。重点是，我们要看到，即便是只有一个目标客户的使用场景，也存在一连串必须完成的任务，任何一个决心在新兴市场推出整体产品的产品经理都必须全力以赴，才能得到令人满意的结果。

就 3D 打印机而言，你可能很容易就想象出各种各样的潜在目标客户和目标应用。除了像戴维这样的室内设计师，你可能还会想到：

- 制作机械设备零件模型的工业设计师。他们可能需要各种耐用材料，以便在现实条件下制造和测试零件。

- 制造定制玩具的玩具制造商。它们可能希望打印材料用的是鲜艳的原色，而且确保无毒无害。

- 制作腐烂文物模型的博物馆馆长。他需要使用全息扫描仪扫描和测量文物，得到可以用 3D 打印机复制文物的数据文件。

- 按需制鞋的鞋类产品制造商。打印材料必须既时尚又舒适，而且还要持久耐用。

- 制作停产零件的古董车爱好者。现在我们也得承认，精密 CAD 图纸和金属压制工艺制作的曲轴也能够承受发动机工作时的压力。

从以上这份粗略罗列的清单，我们也可以看到，增加哪怕一个目标客户，都会对整体产品提出很多新的要求。也就是说，只要你改变价值主张，为了兑现对客户的营销承诺，你要交付的产品和服务就必须随之改变。即便是最乐观的产品营销经理也会很快意识到，他们无法同时兼顾所有目标市场，要对它们进行先后排序，而且开发每一个市场机会都需要投入真金白银的成本。

我们知道，要满足客户的购买理由，必须打造整体产品，那么，3D 打印机的硬件厂商（尤其是负责 3D 打印机业务的产品经理）要承担什么责任，才能完成交付整体产品的任务呢？答案是：这个问题跟责任毫无关系，只跟营销计划的成败有关。如果你对客户的成败不管不顾，听之任之，那你就等于放弃了对自己命运的掌控权。相反，如果你急客户所急，解决客户的所有问题，提供相应的解决方案，那你就会知道客户需要什么样的整体产品，然后努力把它做出来交给客户。

这样的营销主张才是正确的，在跨越鸿沟的时候尤其如此。在到达鸿沟之前，或许有高瞻远瞩者能在做系统集成的时候将整体产品的欠缺部分补充完整。在进入主流市场之后，或许有第三方企业能看到通过充实整体产品来赚钱的机会。但是，在你跨越鸿沟的时候，除非你专门招募，否则你绝无可能得到任何外部支持。

真实案例

现在，我们通过一些真实案例来了解整体产品在实际操作中是如何打造的。我们介绍两个案例，分属两种不同的情况，一种情况是有既存竞争对手，另一种情况是没有既存竞争对手。第一种情况就好比从英格兰进攻诺曼底，既存竞争对手扮演的是德国纳粹部队的角色。第二种情况就好比在1492年横渡太平洋，来到一片新大陆，决定在那里开店，向当地人出售商品。两个任务都极为艰巨，不是胆小怯懦之人所能胜任的。

Aruba：面向企业的无线局域网

我们先看看有既存竞争对手的案例。想象一下，时间回到了2006年，有一家面向企业提供无线网络服务的无线局域网公司，名字为Aruba。你可能听说过这家公司，也可能没有，但是你一定听说过其竞争对手的名字：思科！

当时的Aruba正在迅速扩张，但是基数比较小，2005年公司价值只有1200美元，到2006年飙升至7200美元——增速确实非常惊人，但是足以对付规模400倍于它的竞争对手吗？欢迎来到硅谷创业公司的残酷世界！你就是来厮杀抢夺的，现在唯一需要回答的问题是：你应该怎么做？

第一条规则：你必须用一个颠覆性创新产品杀既存竞争对手一个措手不及。这一次，无线局域网产品做得更绝，它要吞并有线局域网！而有线局域网产品无论在过去还是现在都是思科专卖店的核心和灵魂。此外，新的无线传输标准协议（802.11n）刚刚发布，从此以后，无线局域网能够提供不输于有线局域网的性能。因此，现在无线局域网有一个更有说服力的价值主张，可能比有线局域网强十倍——可以说，这是一个货真价实的颠覆性创新产品。

第二条规则：牢记前一章的"做小池塘里的大鱼"原则，瞄准一个细分市场，规模大到有影响力，又小到能够拿得下，而且非常适合你的创新产品。在这里，规模小到能够拿得下的意思是，对于规模更大的既存企业来说，这个市场实在太小，不值得花太多时间争夺。大鱼很难在小池塘里施展拳脚，跟小鱼竞争。

正是这一条规则帮助 Aruba 闯进了美国高校市场。那时候，越来越多的学生带笔记本电脑去上大学。可以说，这是第一个自带设备（BYOD）细分市场，因此，校园里需要无处不在的网络连接服务，而不是仅仅局限于在宿舍通过网线连接。此外，大学生上网不仅是搜索资料、发送电子邮件，他们还播放音乐和视频，这就为高校尽早采用下一代无线传输技术提供了更多理由。最后，高校总是喜欢支持敢于开发下一代创新技术的创业公司，所以它们比很多其他目标市场更有协作精神。总而言之，瞄准高校市场是一个非常明智的选择。

接下来是第三条规则，也是本章的核心内容：围绕自己的核心产品（也就是让你踏进舞会参与竞争的颠覆性创新产品）开发一个整体产品，为目标客户的问题提供端到端解决方案。如果你能做好这一步，你就可以在未来很长一段时间内留在舞池，成为一家长盛不衰的企业。

设计整体产品的思路就是从目标客户的用例出发做填空题，通过自行研发，或者通过收购、合作或者结盟等方式，想方设法把欠缺的产品和服务补全。在高校 IT 部门在校园内部署网络服务的案例中，核心产品包括以下几个方面。

- 大量的接入点，可能多达几千个，覆盖宿舍、图书馆、教室、学生会、所有体育设施，甚至校外酒吧（很多教授都是在酒吧里值班，给学生答疑的）。

- 一个或多个移动控制器，从一个中央控制点管理所有无线传输流量。在以前的部署中，无线网络只是有线网络的次要扩展，比如仅仅覆盖几个会议室，只为与会者提供网络服务，所以没有必要部署这种级别的控制器。但是，一旦无线网络成为流量的主要载体，那就必须要有移动控制器。例如，在一场考试结束时，全班的学生会在同一时间上传答案，可能会引发流量需求高峰，在这个时候，你不能让网络出现瘫痪，或者丢失任何一份答题数据。

- 一个网络管理系统，用来辅助网络管理员工作，使他们能够调整服务级别、认证用户、授权访问以及排除网络中断等问题。

以上就是核心产品的构成。那么，整体产品由哪些部分构成呢？可以考虑以下几点。

- 校园里仍有有线网络，虽然没有按原有计划去建设。因此，网络管理系统必须能兼容新旧设备。为此，Aruba 与

AirWave 合作，并最终收购了 AirWave。AirWave 的系统产品原本只用于管理思科的路由器和交换机，后来发展成为一个网络管理系统。

- 大多数校园已经有了学生和教师目录，通常是微软的活动目录（Active Directory），所以与微软合作也成了 Aruba 的优先事项。

- 还有就是学生自己——该怎么形容他们呢？就说他们创意十足吧。一位网络管理员告诉 Aruba："我们的安全系统与其说是保护学生不受世界的影响，不如说是保护世界不受学生的影响！"此时，Napster 的时代已经草草结束，而 BitTorrent 文件共享的时代（且不管共享的内容是否得到授权）已经全面来临。如果发现明显违规行为，网络管理员就算不马上关闭网络，也需要把网络流量控制在最低水平。为此，Aruba 选择与 Bradford 合作，并最终直接从 Bradford 购买了一个在电信公司更为常见的网络运营控制中心。

- 为了争夺生源，高校开始把课程材料上传到互联网，特别是视频材料，学生用数字设备可以直接观看，既是为了教育，也是为了娱乐。这一点需要特殊的视频编解码器才能做到，Aruba 找到了一家名为 Video Furnace 的公司。

- 随着市场不断发展，Aruba 成立了一个咨询委员会，成员来自采用其无线局域网服务的高校客户，其中一位提出了一个新奇的想法：与其用无线网络来拓展有线网络，不如反过来，用有线网络来拓展无线网络。他特别要求配置一个远程访问端口，可以接入有线 VPN（虚拟专用网），这样在家里或其他远程地点也可以连接同一个网络管理系统（不需要新的登录名和密码）。这个产品需要 Aruba 自行研发，后来成为其产品线的一个关键差异化因素。

从一个试图消除 Aruba 差异化优势的竞争对手角度来看，这个整体产品没有哪一个组成部分称得上"项目中断者"，但是，把每一个部分都做出来，打造成一个完整的整体产品，这其中要耗费的资源不是一个有更重要的事情要做的大型竞争对手所愿意承担的。从客户的角度来看，看到像 Aruba 这样的公司愿意为他们付出比其他公司更多的努力，他们对公司的忠诚度也会增加，更可能成为长期客户。创业公司能够抵挡住既存企业的正面对抗，最终成功跨越鸿沟，其核心动力就在于此。

Lithium：由客户提供技术支持

现在，我们来看看跨越鸿沟的另一种情况：没有敌人在岸边设防，防止入侵（这是好消息），因为人们还没有发现那里有什么值得防御的（这是坏消息）。在这里，供应商必须自己创造出一个市场。在这种情况下，拿下实用主义客户是攻占主流市场的关键。他们并不会直截了当地拒绝新产品，他们只是观望，看看它有没有被采用的迹象。换句话说，他们既没有说不要，也没有说要。所以才导致销售周期延长！

在这种情况下，创业者就是在与时间赛跑。就像 16、17 世纪勇敢的探险家和殖民者一样，他们已经登陆一片不知名的广袤土地，拥有固定数量的物资（周转资金）保证自给自足。问题不在于未来会否有人成功建立殖民地，而在于成功建立殖民地的人是不是他们，或者他们会不会在尝试建立殖民地的过程中死去。我们登陆的地方是普利茅斯岩还是詹姆士镇呢？

我们来看一个具体的例子吧。Lithium 是一家 SaaS 服务商，致力于创建消费者和客户在线社区，共创和共享数字化交付的营销、销售与客户支持内容。Lithium 创立于 21 世纪初，正遇上网络泡沫破灭，所以它的理念在当时显得相当新奇。在创立之初，Lithium 是一个游戏玩家社区，公司创始人是网络游戏开发者，对通过虚拟奖励激发用户自愿行为那一套很有心得。Lithium 的理念得到了早期采用者的青睐，但是不出所料，实用主义者采取了观望态度。为了跨越鸿沟，Lithium 必须瞄准那些对现状不满的实用主义客户。结果，它在技术支持领域找到了飞地。

一般来说，技术支持都是累死累活又不受重视的部门。问题是，大部分技术产品都融合了许多其他技术产品，因此，如果产品出了问题，弄清楚问题到底出在哪里就变成了一个很大的挑战。知道答案的人也是有的，只是他们的身价太高，不可能到技术支持部门接听客户支持热线电话。真正接听电话的人（往往在太平洋彼岸的某个呼叫中心）只能根据客服脚本照本宣科，尽可能做出解答。任何一个打过客服电话的人都可以作证，这真是一种极其令人沮丧的体验。

如果我们能终结这一切呢？如果你只需要上网，就可以找到业内最优秀的专家帮你解答，而且全部免费，那会怎么样呢？这不是很酷吗？戴尔是这么认为的，惠普、联想、欧特克和微软也这么认为。欢迎来到由客户提供技术支持的世界！

这里的关键理念是创建一个在线社区，让客户在拨打客户支持热线之前就能得到其他客户的解答。为什么拥有专业知识的人要花时间做这件事呢？因为技术狂热者就是喜欢帮助别人啊（还记得他们吗？他们在技术采用生命周期模型的最左边）。这是他们的热情所在，如果再加上一些游戏导向的奖励和社会认可（也就是现在人们所说的游戏化），效果会更好。

这里的核心产品是一个品牌网站，在这个网站上，客户既可以提问，又可以回答问题，还可以对回答的质量进行评价，随着时间的推移，最好的回答者就会脱颖而出，荣登榜首，这是对回答者的最高奖赏。这样的核心产品极具颠覆性，因为传统的技术支持部门通常依靠不专业的呼叫中心员工通过查阅过时的知识库解答疑难问题，也许还有业务缠身的工程师作为后盾，他们既没有时间也没有耐心反复回答同样的问题。

其实，创建一个类似于维基百科那样的网站来实现以上核心产品功能并非难事。那么，Lithium 应该打造一个什么样的整体产品，才能赢得持怀疑态度的实用主义者呢？平心而论，它从一开始就有一个优势：将呼叫中心转移到网站上使成本降低了90%。呼叫中心是大多数科技企业的成本中心，而降低成本永远是首要考虑的问题。下面就是 Lithium 成功跨越鸿沟并在技术支持领域取得领先地位所采取的策略。（充分披露：我应该在此说明，要是接下来我显得有点热情洋溢，那是因为我在 2012 年就加入了 Lithium 的董事会。）

- 帮助客户创建自己的品牌知识库。Lithium 提供咨询支持，帮助客户管理不断增加的用户贡献内容，将社区交流内容转化为知识性文章，而且使这些内容更容易找到、更容易消费。这种众包的方法提高了客户满意度，减少了获得正确答案的平均时间，提高了呼叫转向率和客户忠诚度，而且那些坚持答题、贡献了大量最有价值内容的客户更加会成为"死忠粉"。

- 将支持范围扩展到移动设备。大多数网页内容都难以在移动设备上阅读，但现在的趋势是，在消费者或客户需要答案的时候，他们身边只有移动设备。如果网页内容能够同步到移动端，不仅方便了终端用户，而且能大大提高呼叫转向率，因为消费者使用一个移动设备就可以找到不同问题的答案。

- 将 Lithium 的服务融合到企业的客户关系管理系统（CRM）。这使 Lithium 的客户与企业员工连接起来，企业员工可以登录网上社区解答无人回答的问题，并收集客户的意见和建议，然后反馈给开发人员，从而进一步完善品牌知识库，强化整个系统的功能。

- 扩展对社交网络（Facebook、Twitter、Google+ 等）的支持。这是科技界"全渠道"布局的一部分，目的是使消费者和客户能够随时随地、随心所欲地登录网上社区。消费者可以把链接添加到其他网站或者转发给其他人，使品牌知识库实现无缝扩展，网上社区用户人数也会不断增加。

通过扩展核心产品，Lithium 打造了一个整体产品，既满足了直接目标客户——消费类科技产品公司的需求，也满足了消费类科技产品公司的客户的需求，包括需要帮助的消费者和希望分享专业知识的技术狂热者。

合作伙伴与盟友

与合作伙伴和盟友建立"战略联盟"一直是高科技营销的一种时髦做法。人们总会在 Facebook 上看到这样的广告：

> 本公司规模庞大、资金实力雄厚，拥有稳固的分销渠道和成熟的产品线，现寻找拥有热门的创新产品但缺乏资金的小型创业公司合作。可根据要求提供相关图片……

然而，这种联盟通常只是说着很好听，操作起来效果却不怎么样。首先，彼此的企业文化往往大相径庭，无法相互合作。其次，双方的决策周期极不同步，结果是一方面创业公司备感受挫，另一方面，成熟企业管理层的态度十分傲慢。最后，更糟糕的是，在合作谈判过程中，双方都可能出现这样或那样的措辞不当，一旦脾气控制不住，每一方都有足够的弹药向对方开火。要是创业者还一直谋求将收购作为退出策略，这种情况就更有可能发生。所以，在大多数情况下，尽管并购的逻辑无懈可击，但实际上很难成功。

当然，有些战略联盟是非常成功的。比如 SAP、惠普和安达信咨询公司建立的战略关系，三家公司合作推出客户机-服务器模式的企业资源规划系统（ERP），成功取代 IBM，成为首要的 ERP 供应商。或者是英特尔和微软的合作，有人称之为"Wintel"双头垄断，直到今天它仍是个人电脑领域的霸主。还有思科、EMC 和 VMware 三家公司的联手合作，打造面向云计算的统一计算环境，现在已经取得了巨大成功。

以上三例都是非常强大的战略联盟关系，已经创造出海量的市场价值。但是请注意，结盟的各方都是实力相对均衡的同行企业。即便是强强联合，在销售领域建立和维护战略联盟也是非常复杂的，就算是最有经验的组织也会遇到重重困难。这当然不仅仅是产品经理的职责，他们只需要确保利基市场中的目标客户的迫切购买理由得到满足。

产品经理要履行自己的职责，可以建立战术性的"整体产品"联盟。建立战术联盟只有一个目的：在特定的目标细分市场内加速形成整体产品基础设施，以满足特定细分市场客户的迫切购买理由。结盟的基本承诺就是联盟各方分工合作，共同打造和推销整体产品。这有利于整体产品经理，因为这会使客户感到满意，也有利于整体产品的合作伙伴，因为它们不用专门做任何营销，就能扩大市场。只要每一方都能履行自己的合作承诺，那成功就指日可待。

由产品营销经理牵头，整体产品联盟很容易就能启动，管理起来也很方便。通常情况下，一开始是销售人员或者客户支持人员发现了合作的机会，其中有人在某个客户的公司碰到了潜在的盟友，然后向公司提出建议。也可以在思考如何打造整体产品解决方案，实现客户购买目标的过程中找到合作机会。重要的是，这是由整体产品需求而发展出来的战术联盟，而不是出于任何原因而建立的战略联盟（我个人觉得，建立战略联盟的首要原因就是人多事少，无事可做）。

合作伙伴与盟友：Rocket Fuel

我们通过具体的案例了解如何与合作伙伴建立联盟。首先是得到莫尔达维多风险投资公司投资，在数字广告领域取得了飞速增长的 Rocket Fuel。与新数字经济的大多数创新一样，数字广告活动的创建、启动、监控以及变现，每一阶段都要耗费大量人力物力，可以说是需要"一村子的人"加班加点工作，才能做得到。Rocket Fuel 在这个生态系统中的作用就是利用人工智能算法，在正确的时间将正确的广告投放给正确的人，从而提高数字广告的收益率。通过机器学习，人工智能算法越来越精准，数字广告的投放也越来越有效。毋庸置疑，这是一种高度专业化的能力。

专业化的产品必须把重点放在创造拥有差异化优势的核心内

容，也就是说，消耗在营销环境的任何资源都会稀释产品的增值能力和扩张能力。因此，选择走专业化道路的公司必须尽可能利用现有的生态系统和企业。这就需要一大批"沉默"的合作伙伴和盟友，在本案例中，它们是打造一个整体产品必不可少的力量。它们认同 Rocket Fuel 的价值主张，但是不能或不愿意主动参与很多合作活动。

关键是创建简洁干净的接口连接其他合作伙伴的系统，而且它们也可以访问你——可以是数字广告交易平台这样的计算机系统，发布者可以把广告素材放到平台上，广告商可以实时竞价；也可以是广告代理公司或者媒体投放师这样的行业参与者，其有大量的预算，能够有效而且高效完成工作。在 Rocket Fuel 的案例中，它的目标是看起来就像"其他任何一个"媒体合作伙伴一样，只是它以同样的价格提供更多的实惠。

除了直接参与方之外，还有一些外围的合作关系，能够让产品在目标市场迅速得到采用。在 Rocket Fuel 的案例中，互动广告委员会在合同标准化方面发挥了关键作用，即使是一个小公司，也可以在非常广泛的范围内开展业务，完全不需要设置一个庞大的法律部门。像 DART 和 Atlas 这样的广告服务器具备报告功能，有助于使性能指标透明化，这是 Rocket Fuel 整个价值主张的基础——"我知道我浪费了一半的广告预算，我只是不知道浪费的是哪一半"这种情况将不复存在。现在，Rocket Fuel 的客户可以很清楚地看到预算花在哪一个环节，公司也不用额外追加预算。

由此可以得出结论：整个广告行业已经意识到，消费者的注意力已经大举迁移到网上，现在整个行业已经抱团集结在 Rocket Fuel、AudienceScience 和 Visible Measures（这仅仅是莫尔达维多风险投资公司投资的三家公司）这样的公司周围，因为在通过网络新媒体吸引消费者上，生态系统里的每一家公司都是既得利益者。对于其他公司来说，教训是很清晰的：如果你想走得快，那就单独行动；如果你想走得远，那就和其他人一起行动。在互联网时代，你既要走得快，又要走得远，这恰恰是整体产品合作伙伴能够发挥巨大作用的地方。

话说回来，Rocket Fuel 其实算是个特例——在数字商务领域，并不是所有快速增长的企业都如此依赖大数据和算法分析，有些公司其实主要还是靠人！下面我们就以 Infusionsoft 为例来分析。

合作伙伴与盟友：Infusionsoft

Infusionsoft 是另一家莫尔达维多风险投资公司投资的 SaaS 公司，它主要为小型企业（一般员工少于 25 人，很多甚至只有一两个员工）提供销售和营销服务（科技行业称之为 CRM——客户关系管理）。公司成立的初衷就是帮助真正的小企业主向网络营销转型，如果使用得当，这种能力可以让企业脱胎换骨，但是要迈出这第一步也很令人生畏，不熟悉数字技术或市场营销，或两者都不熟悉的人尤其会感到恐惧。

所以，Infusionsoft 从一开始就面临一个难题——如何吸引属于后期大众的目标客户，让他们选择自己从来没有用过的技术？毕竟，只有目标客户在线时，在线营销才会奏效。该公司通过与一批小企业营销专家合作解决了这个难题，这些营销专家的本职工作就是举办研讨会，培训那些打算采用线上销售模式的小企业主如何做好市场营销。这些营销大师能够吸引大量的潜在客户，要保持与他们的联系，有什么方式比得上直接教他们掌握网络营销能力呢？Infusionsoft 营销软件提升了营销课程的价值，而营销课程也同样提升了 Infusionsoft 营销软件的价值。这些客户属于早期采用者，他们帮助 Infusionsoft 获得了第一个里程碑式的发展。

但是，要跨越鸿沟，Infusionsoft 的营销创新产品必须超越早期市场，进入以实用主义者为主体的主流市场。它尝试从几个滩头阵地市场切入，其中有些市场尤其成功，例如专业演讲者（属于营销大师细分市场的上一层细分）、健身教练和牙医（两者都要实现"客户保留营销"目标，特别适合使用在线提醒功能）。

在取得以上成功的同时，Infusionsoft 还遭遇了一次失败。它提供免费注册，没有向客户收取高昂的前期费用，因此大大增加了愿意注册的潜在客户数量。遗憾的是，大量新注册的客户很快就流失了。虽然失败很痛苦，但是它学到了关于整体产品的重要一课：吸引新用户注册一定要谨慎，无论是技术扩容升级，还是业务流程的重新设计，都必须小心翼翼。

因此，Infusionsoft 增加了一个低成本版本的新用户注册服务，降低新注册用户流失率，实现了设定的保留率目标。此时又出现了另一个挑战：由于需求不断增长，公司必须扩大规模，但是它应该如何扩大规模，才能避免公司变成一个低利润的呼叫中心？而且公司本来只是提供单纯的营销服务，现在要扩展到端到端的 CRM 产品业务，这个挑战就更加严峻了。

好消息是，大自然厌恶出现真空。事实上，很多客户都愿意支付数千美元让 Infusionsoft 指导他们做注册培训，并辅导他们完成前几个营销活动。这部分业务并没有输给生态系统中的其他服务供应商。其他服务供应商已经加入竞争，开始提供同样的服务。

于是，该公司举办了一个实施加速器（Implementation Accelerator）研讨会，它让 25 个客户与一批专家聚在一起，进行为期两天的"营销黑客马拉松"。其中包括教授营销战略和战术的 Infusionsoft 成功教练、文案撰写人、脚本撰写人和摄像师、软件对象设计师和网站管理员，还有 Infusionsoft 自己的技术支持人员。有些客户在这两天内完成的工作甚至超过了许多人一整年所做的工作。很明显，理顺思路，打造整体产品是取得成功的一个关键因素。

随后，该公司开发了一个认证培训课程，在过去的两年里，已经有超过 200 名 Infusionsoft 认证顾问毕业，其中没有一个是公司的员工。此外，做生意都是有来有往，互相利用，所以这些顾问也是一个强大的推荐来源，在最近的财务年度，Infusionsoft 一半以上的新注册客户都是他们推荐而来的。

我们由此可以得到一个清晰的经验：在战略合作伙伴关系里，让各合作方保持参与度并发挥应有的作用，往往需要大费周章；但是，在战术合作伙伴关系里，各合作方往往能够做到各司其职，共同打造整体产品，以满足目标市场客户的迫切购买理由。话虽如此，但我们还是来看看同样的原则如何应用于战略合作伙伴关系吧。

合作伙伴与盟友：Mozilla

虽然我明显更喜欢走战术路径，但在高科技领域，有些时候你必须采用自上而下、统筹兼顾的思路。Mozilla 在 2011 年就遇上了这样的情况，当时桌面版火狐浏览器已经享誉全球，接下来它要推出一款基于移动平台的专用浏览器。

火狐浏览器是一款开源的网络浏览器，它的出现主要是为了弥补微软的 Internet Explorer 7.0 的缺陷。Internet Explorer 是与 Windows 系统绑定的主流浏览器，就算电脑遭到垃圾邮件狂轰滥炸，用户也毫无办法。所以，Mozilla 决心要打造一款"人民喜闻乐见"的浏览器，让终端用户能够摆脱垃圾邮件的滋扰。火狐浏览器成功了，推出的第一年就拥有 1 亿次下载量，成为全球第三大最受欢迎的浏览器，仅次于 Internet Explorer 和 Google Chrome。不仅如此，火狐浏览器的出现，还让微软和谷歌不得不在其最新版浏览器增加"请勿跟踪"功能，从另一方面实现了 Mozilla 的平民主义使命。

任务就这样完成了吗？没那么快。在接下来的几年里，预计将有超过 20 亿人开始使用互联网。这部分用户来自发展中经济体，以前从未接触过网络，他们怎么办？他们肯定会使用移动设备上网——那么，他们会使用什么浏览器？

为了继续坚持平民主义价值观的使命，Mozilla 采取自上而下的视角，纵观移动互联网行业，决心打造一款基于智能手机平台的移动浏览器，与苹果和谷歌的移动浏览器直接竞争，还要重构整个行业生态系统，为这个开源平台提供支持，使其成为事实上的标准。移动互联网领域的多样化程度十分惊人，既有非常保守的国家电话专营公司，也有很多技术超前的搅局者。Mozilla 只是一家位于加利福尼亚州山景城的小型非营利性公司，在移动互联网领域那么大的一块画布上，怎么样才能留下浓墨重彩、与画布浑然一体的一笔呢？

以下就是它的做法：

1. 将目标锁定"下一个 20 亿"网络用户，充分考虑他们的现实困难：除了免费的开源软件之外，他们用不起其他任何产品；相较于各种新功能，他们更喜欢性价比更高的产品；他们需要一个超低成本的操作平台。以 Mozilla 的技术，这一切都可以实现。

2. 与西班牙电信（Telefonica）和德国电信（Deutsche Telekom）这两家大型的移动运营商合作。原因很简单，正如 Mozilla 时任首席执行官加里·克威克斯（Gary Kovacs）所说："它们开出了支票。"

3. 借助移动运营商的支持，招募中兴通讯和 TCL（以前是阿尔卡特）这两家大型的移动设备厂商生产支持 Firefox 的设备。

4. 在一年多的时间里，召开峰会、理事会和多方规划会议，使整个生态系统的执行层面和运营层面保持一致。

5. 尽管各方施压，要求推出各国的"特例版本"，但 Mozilla 顶住压力，竭力维持一套共同的核心标准，以便 Firefox 能够在全球范围内扩展市场。

6. 在 2013 年的世界移动大会上，Mozilla 举办了一场发布会，加里·克威克斯和其他 23 位首席执行官一起为 Firefox 站台，他们每个人至少与一个国家的运营商签署协议，在运营商所在国推出支持 Firefox 的移动设备。

在一个超级科技巨头独领风骚的时代，一个以捍卫个人网络权益为使命的组织能做到这一步，真是相当了不起了。

根据它采取的步骤，我们可以得到一个重要的结论：它推进项目的每一个步骤都契合本书所介绍的市场开发框架。

- 它从目标客户入手（无法接入互联网的发展中经济体公民，随着移动互联网技术的发展，终于可以购买互联网服务），而且目标客户有充足的购买理由（免费访问网络上的所有内容以及个人、家庭和商业方面的交流沟通）。
- 它明确了整体产品的构成，而且认为，要打造出整体产品，必须找移动运营商和 OEM 厂商作为主要合作伙伴。
- 然后，它去寻找与它有共同利益的合作伙伴，找到了在发展中经济体有特许经营权的移动运营商，并整合各国运营商的重点需求，创造出一个足够大的销售机会，引起了两家世界级 OEM 厂商的注意。

- 接下来是"创造竞争"阶段（我们将在下一章谈到）。我们每个人都知道，苹果和谷歌的生态系统都极其强大，长久以来都是这两大科技巨头争霸市场。对于这样的状态，移动运营商和 OEM 厂商都越来越焦虑不安，都愿意支持能够平衡两大巨头的力量进入市场。

最后，它讲述的故事或者价值主张的焦点从来都不是它自己。它一直致力于服务世界，服务行业，所以人们会基于自身利益相信它，而不仅仅是为了得到"大优惠"而购买它的产品。这才是整体产品管理能够取得成功的真正秘诀。

回顾 Rocket Fuel、Infusionsoft 和 Mozilla 这三个案例，我们可以发现，寻找合作伙伴，共同打造整体产品，最终结果就是创造出一个市场。市场不仅仅是买家和卖家，市场是一个相互关联的利益生态，彼此相互作用，形成商学院课堂经常提到的价值链。对于一家正在跨越鸿沟的公司来说，寻找合作伙伴，共同打造整体产品这一步相当于为收获价值链播下种子，让价值链开始萌芽。一旦开始产生价值，自由市场体系就会自我强化，到了这个时候，整体产品经理的任务就是放手一搏，摆脱困境。

综上所述，明确整体产品的构成之后，继续执行强有力的战术联盟方案，使整体产品的基础架构快速发展起来，这就是为了跨越鸿沟集结攻击部队的精髓。只有分毫不差地满足了目标客户的迫切购买理由，这支部队才能真正集结起来。在高科技市场上，成功集结的案例仍然是难得一见。事实上，无论是什么样的公司，就算在鸿沟时期遇到的风险很高，但只要能把整体产品战略执行到位，公司就有很大概率跨越鸿沟，最终在主流市场大获全胜。

小结：整体产品管理注意事项

1. 用圆环图（见图 5-2）来定义和沟通整体产品。把你打算负主要责任的区域划上阴影，其余的区域必须由客户或合作伙伴或盟友来负责。

2. 审视整体产品的构成，确保是满足客户迫切购买理由的最低配置。要坚持 KISS 原则（Keep It Simple，Stupid，保持简单和直接），管理最低配置的整体产品已经足够困难了，千万不要再增加花里胡哨的功能，那是完全没有必要的。

3. 从每一个合作伙伴的角度来审视整体产品。确保每个合作伙伴都能成为赢家，合作收益公平分配，没有哪一家遭受不公平待遇。只要出现不公平的情况，尤其是对你有利的时候，打造整体产品的所有努力就会马上功亏一篑——企业天生就会互相猜忌，只要有一丁点把柄，你的整个计划就会被它们视为骗局。

4. 从现有的合作实例出发制订合作方案，逐步建立整体产品合作关系。在你确定每个人（尤其是你的客户）都能够从中受益之前，不要急着把合作关系制度化。另外，不要找存在直接竞争关系的公司服务于同一细分市场的同一需求——否则，就算同意合作，它们也不会愿意全力以赴。

5. 跟大企业合作，选择自下至上的工作方式；跟小企业合作，选择自上至下的工作方式。由于每一个决策都会对客户产生影响，所以，无论是哪种情况，你都要尽量靠近真正做出决策的人。

6. 建立了正式的合作关系之后，只把合作关系作为沟通的机会。不要以为建立了合作关系，就能推动整体产品合作。只有来自各合作伙伴的相关人员对彼此产生信任，合作关系才能真正发挥作用。

7. 如果你与大公司合作，那你要在地区销售办事处层面建立合作关系，不要跟大公司的员工浪费时间和精力。相反，如果你是与小公司合作，要意识到它们的资源有限，你要尽一切可能利用你公司的优势帮助它们。

8. 最后，不要感到意外，其实最难管理的合作伙伴就是你自己的公司。如果合作关系是真正平等的，那你的公司内部肯定会有人坚持要从中多分一杯羹，你一定要拒绝这种做法。在此过程中，把你的客户视为你最真实、最有力的盟友。

第 6 章　定义战场

在发动进攻前夜，我们要做最后一次进攻力量部署。我们已经确定了攻击点：一个长期遭受痛点折磨的目标细分市场，因此这个细分市场具备了一个真正的迫切购买理由。我们已经规划出一个能够解决痛点的整体产品，而且完成整体产品所需要的合作伙伴和同盟也已经招募到位。现在，我们面临的主要问题是市场竞争。要成功拿下滩头阵地，我们必须知道谁是我们的竞争对手，他们与我们想争夺的目标客户是什么关系，我们应该如何准确定位才能打败他们，把他们赶出目标细分市场。

这就是本章标题"定义战场"的含义。只要你能定义战场，你就能打败任何一个对手，这是交战的根本原则。既然竞技场是我们设定的，胜负的规则也是我们制定的，那我们怎么可能会输呢？但是结果往往令人遗憾，我们总会在某些地方出娄子。有时候是因为我们并没有准确定义战场，对我们自己和竞争对手的优缺点认识不清。但更重要的原因在于，我们其实并不清楚目标客户真正想要什么样的产品，或者虽然知道，但是不敢担起责任，确保目标客户的需求得到满足。

那么，为了满足目标客户的需求，我们要做到什么程度呢？我们要跨越鸿沟，就必须赢得实用主义客户的支持，而影响实用主义客户购买决策的一个重要因素就是竞争是否确实存在。如果你目前只有一个吸引高瞻远瞩者的价值主张，那么这种竞争就不太可能存在，至少不是实用主义者认可的那种竞争。在这种情况下，你需要做的就是创造竞争。

创造竞争

在技术采用生命周期的不同阶段，竞争的性质会发生巨大的变化，甚至在有些时候根本不存在明显的竞争。不幸的是，没有竞争，就没有市场。竞争事关我们跨越鸿沟的成败。因此，我们要创造竞争，要重新审视竞争的意义。

根据我们迄今开发早期市场的经验，竞争与其说是产品的竞争，不如说是来自其他经营模式的挑战。市场抗拒新技术产品是一种惯性，可能是因为不愿意改变现状，或者害怕承担风险，或者找不到一个必买的理由。因此，在早期市场阶段，我们的目标是寻求高瞻远瞩者的支持，借助他们的力量打消市场对新技术产品的抗拒。而高瞻远瞩者的竞争往往来自公司内部的实用主义者，他们要与高瞻远瞩者争夺项目资金。一般来说，实用主义者的竞争方案是循序渐进的，一次解决一个小问题（而高瞻远瞩者则希望大刀阔斧，重拳出击，一举解决全部难题，就像亚历山大大帝一剑劈开几百年难解的戈尔迪之结一样，就算耗费巨资也在所不惜）。实用主义者想方设法让公司了解潜在的风险和成本，而高瞻远瞩者则利用自己的魅力，呼吁大家采取大胆而果断的行动。这是企业发展议程层面的竞争，而不是产品层面的竞争。

这是竞争在早期市场的表现形式，与在主流市场的表现形式完全不同。首先，高瞻远瞩者数量不多，在主流市场中不足以形成气候；其次，高瞻远瞩者也不喜欢在主流市场里折腾，他们更喜欢在早期市场引领潮流。现在，我们进入了真正的实用主义者领地，在这里，竞争主要表现为实用主义者对同类产品及其厂商的比较评估。

在比较评估之后再做出购买决策，使整个购买过程也显得有了一丝理性，而理性恰恰最能让实用主义者感到安心，具体而言就是拿一张评分表，对所有相关因素仔细衡量，逐一打分，然后计算总分进行排序，其结果最终将会勾勒出主流市场的基本格局和细分领域。传统的台式电脑仍然被认为最适合办公自动化，这个领域是微软的 Windows 占据优势；笔记本电脑更适合在旅途中办公，苹果公司已经占领了大片市场；平板电脑更适合在会议中使用，苹果公司在这个领域的地位更加稳固；智能手机则更适合 24 小时在线，这个领域是谷歌的 Android 系统占领制高点；以上因素又让人们越来越喜欢无线网络而不是有线网络，于是思科公司便闻风而动。这一切都是实用主义买家最喜欢看到的，只有市场上出现稳定的竞争局面，并且产生一个成熟的领导者，他们才愿意做出购买决定。在他们看来，存在竞争，而且有领导者脱颖而出，说明市场已经足够成熟，足以支持围绕明确的中心产品建立合理的整体产品基础设施。

总之，在没有其他同类产品做比较之前，实用主义者是不愿意购买的，也就是说，竞争是他们购买的基本条件。在早期市场，你可能感受不到竞争产品的存在。现在，如果你决心要打入主流市场，那你就得寻找对手，创造竞争。

在攻占主流市场的战斗中，创造竞争是最为重要的一个营销传播决策。要创造竞争，你要先确定自己的产品在同类产品中所处的位置，这一类产品应该已经得到实用主义买家的认同，而且市场上还有其他合理的购买选择，最好是实用主义者已经熟悉的品牌。你的目标就是把自己的产品定位为同类产品中无可争议的、正确的购买选择。

创造竞争的最大风险在于脱离实际，也就是一厢情愿地给自己创造一个失之偏颇的竞争格局。你当然可以找一些实力较弱的竞争对手，设计一个你明显占优势的竞争局面。但不幸的是，在实用主义买家看来，这样的竞争态势要么不可信，要么没有吸引力。例如，我可以说，在研究文艺复兴时期英国文学的众多博士之中，我是最厉害的高科技营销顾问。这种说法可能是真的，但是听起来并不是特别吸引人。我也可以说，我是有史以来最伟大的高科技营销顾问——这个说法的确很有吸引力（其实我也不太明白一个自负的人怎么可能成为一个伟大的营销顾问），但是无论怎么看都不太可信。

那么，你应该如何选择竞争对手，才能避免形成一个失之偏颇或者无关痛痒的竞争局面呢？关键是要聚焦实用主义者而不是高瞻远瞩者的价值观和关注点。找到一个正确的模型有利于我们理解相关的概念，接下来，我们将借助"竞争性定位罗盘"模型，来理解如何创造竞争。通过这个模型，我们可以为技术采用生命周期每一个阶段的目标客户分别建立价值档案，找出目标客户心目中最合理的竞争对手，按照目标客户最看重的价值指标对每一个竞争对手进行评估，然后根据评估结果来制定我们的产品定位策略。下面就让我们来看看该如何运用竞争性定位罗盘。

竞争性定位罗盘

高科技营销的价值指标分属于四个价值区间：技术、产品、市场、企业。随着产品从技术采用生命周期的左边往右边移动，目标客户最重视的价值指标也随之改变。在早期市场，目标客户主要是技术狂热者和高瞻远瞩者，他们最重视的价值指标是技术和产品。在主流市场，目标客户主要是实用主义者和保守主义者，他们最重视的价值指标是市场和企业。从这个角度看，跨越鸿沟就是从基于产品的价值区间转移到基于市场的价值区间。

从图 6-1 我们可以看到竞争性定位罗盘四个价值区间的动态联系。

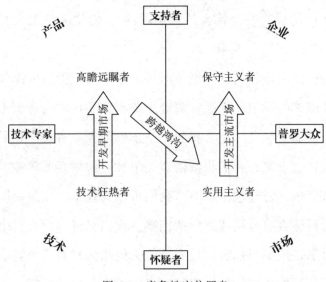

图 6-1　竞争性定位罗盘

该模型囊括了丰富的信息，下面我们来逐一介绍。

罗盘提供的方向以纵横两个标记轴的形式呈现，横轴表示客户对高科技产品问题的兴趣和理解范围。一般来说，早期市场的客户主要是技术专家，既然是技术专家，他们的兴趣更多在于技术和产品，而不是市场和企业。相比之下，主流市场的客户主要是普罗大众，他们更关心的是市场领导力和企业稳定性，而不是具体产品的参数或者性能。

纵轴表示另一个衡量标准，即市场对于产品价值主张的态度，分为怀疑和支持两种。刚开始的时候，市场的态度都是怀疑的，随着时间的推移，市场逐渐变成支持态度。在早期市场，技术狂热者是持怀疑态度的看门人；在主流市场，这个看门人就变成了实用主义者。只要看门人接受你的价值主张，他们的同伴（分别是高瞻远瞩者和保守主义者）也会消除疑虑，放心地购买你的产品。

这个模型还说明一个事实：对你的价值主张持支持态度的人会对你的产品和公司产生兴趣，而持怀疑态度的人则不会。也就是说，在市场开发之初，怀疑态度是普遍存在的，如果营销传播的重点放在产品和企业的优势之上，那就是大错特错。在这个阶段，你不能吹捧产品和企业，因为市场并不相信你能成功，甚至认为你只是昙花一现，连活下去的可能都值得怀疑。

但是，争取怀疑者的方法还是有的。即便是"疑心病"最重的技术专家，也总是在寻找新的技术突破。因此，就算你一开始无法得到他们的支持，你也可以想办法让他们了解产品的技术。对技术有了认识之后，他们也会欣赏产品本身。他们越是欣赏你的技术，就越容易支持你的产品。

同样，持怀疑态度的普罗大众可能不会对一家名不见经传的企业感兴趣，但是他们总是关注新市场的发展情况。你要告诉普罗大众，现在有一个新的市场需求未得到满足，而你的产品就是专门打造来满足这个市场需求的，那普罗大众也会因为关注市场机会而去了解和欣赏你的公司。

在高科技市场开发过程中，有两个营销节奏是比较"顺理成章"的，一个是开发早期市场，另一个是开发主流市场。在开发早期市场的时候，你先把自己的技术优势展现出来，然后利用技术优势赢得客户对产品的信任；在开发主流市场的时候，你先把自己的市场领先优势展现出来，然后利用市场领先优势赢得客户对企业的信任。

但是，"鸿沟过渡"似乎是有悖常理的节奏，因为跨越鸿沟需要你从一个有高瞻远瞩者支持的状态回到一个被实用主义者怀疑的状态。也就是说，以前你要处理的问题是你熟悉的产品问题，现在却变成了陌生的市场问题；以前你要面对的客户是你熟悉而且与你志同道合的技术专家，现在却变成了陌生而且对你抱有疑虑的普罗大众。

现在，我们把以上信息与创造竞争结合起来考虑。如果我们的目标是赢得持怀疑态度的实用主义者（图 6-1 的右下象限），那我们关于竞争对手的讨论就必须围绕市场问题展开，因为实用主义者最关心的就是市场问题。换言之，以前我们营销活动的焦点是基于产品的价值属性，现在我们必须聚焦于基于市场的价值属性。表 6-1 是一些有代表性的价值属性：

表 6-1　价值属性

基于产品的价值属性	基于市场的价值属性
很酷的产品	最完整的整体产品
便于使用	用户体验不错

（续）

基于产品的价值属性	基于市场的价值属性
架构优雅	兼容多种标准
价格适宜	整体产品价格
功能独特	适合多种场景
	可以量身定做

在第 5 章，我们讨论的是整体产品、合作伙伴和盟友。要打造出整体产品，要找到合作伙伴和盟友，前提在于将我们的产品领导地位转变为市场领导地位。也就是说，在一个可控的细分市场范围内，由于缺乏一个现成的市场领导者，我们就创造出市场领导地位的价值属性，只要我们具备了这些价值属性，就能成为真正的市场领导者。然后，我们要把自己的工作成果传播出去，争取赢得实用主义买家的支持。

综上所述，在跨越鸿沟时，目标客户的价值档案必须以基于市场的价值体系为基础，以基于产品的价值体系为补充（但不能取代）。

根据目标客户的价值档案，我们可以预测目标客户对竞争对手和竞争格局的看法，以及他们可能给予新玩家什么样的地位。

具体而言，创造竞争就是找到两个竞争对手作为参照，以便市场能够定位你独一无二的价值主张。第一个竞争对手，我们称为市场对手（market alternative），目标客户多年以来一直从该供应商处购买。它们解决的问题就是我们要解决的问题，客户购买它们的产品所投入的预算就是我们这个闯入者要抢占的财富。为了赢得这部分预算，我们要用一个颠覆性创新产品来解决传统产品的顽疾。

第二个竞争对手，我们称为产品对手（product alternative），这是开发同一种颠覆性创新产品（或者至少接近颠覆性创新产品）的另一家公司，而且其同样将自己定位为技术领导者。其存在让人们相信，现在已经到了拥抱这种颠覆性创新产品的时候。我们要承认它们的技术，但是我们与它们又有所区分，因为我们针对的是一个具体的细分市场。

下面我们将通过具体案例看看创造竞争是如何实现的。

成功案例：Box

进入 21 世纪，随着个人电脑的普及，云计算服务开始蓬勃发展，许多新产品竞相利用云计算技术抢占市场。其中最成功的产品包括云存储软件 Dropbox，通过这款简单的文件共享工具，消费者可以轻松分享图片、音乐等内容。由于使用起来非常方便，企业内部的工作组也开始通过 Dropbox 共享文件。但是，因为 Dropbox 更注重的是消费者用户体验，所以该公司并没有投入重金开发公司 IT 部门想要的企业功能，因此，企业用户只好另外寻找一个更适合企业使用的云存储软件。就在这个时候，Box 出现了。

但是，当时市场上已经有一个很多企业广泛使用的终端用户文件共享软件，即微软的 SharePoint。同时，Dropbox 也是一个比较知名的品牌，对消费者有很强的吸引力。那么，Box 如何才能脱颖而出？

事实证明，这种竞争格局造就了一个完美的定位，SharePoint 就是最好的市场对手，而 Dropbox 就是最好的产品对手，Box 所要做的就是将自己定位在交叉点上——既有 Dropbox 的易用性，又有 SharePoint 的企业标准，可谓两全其美。这个交叉可以通过一个简单的 2×2 矩阵图来理解，如图 6-2 所示。

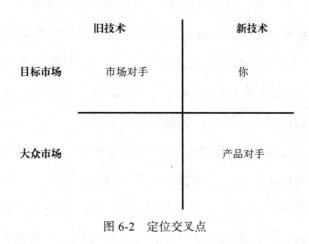

图 6-2　定位交叉点

图 6-2 中标出的市场对手和产品对手就是作为参照的两个竞争对手。在 Box 的案例中，将微软作为市场对手，Box 可以清楚地表明，它要吸引的是当前微软的用户，要抢占的是企业付给微软的那部分预算。同时，将 Dropbox 作为产品对手，Box 可以表明，它的颠覆性创新追求的是产品更加简单易用。当然，Dropbox 仍然需要兑现这些承诺，并且要经过激烈的竞争，才能取得成功，但是有了清晰的定位，就不会有人不知道它要争夺谁的市场份额。

成功案例：WorkDay

20 世纪 90 年代，在客户机 – 服务器软件时代初期，个人电脑取代了终端机，成为用户访问网络资源的接入设备，当时首个取得巨大成功的企业级应用是 PeopleSoft。该软件专门针对企业人力资源部的需求，具有一系列前所未有的互动功能，成功跨越鸿沟。

然而，经过随后十年的发展，市场需求出现了很大的变化，以前追求突出单项优势（best of breed），如今更偏爱功能集成，因此，PeopleSoft 输给了两个更大的竞争对手——甲骨文和 SAP。到了 2002 年，美国技术行业出现衰退，甲骨文针对 PeopleSoft 恶意发起一场激烈的争夺式收购，并最终收购成功。

但是，PeopleSoft 的创始人并不甘心失败。他们认为，企业软件市场的风向正在改变，此次变化甚至可能比客户机–服务器模式转向更为深刻，这就是基于云计算的 SaaS 应用变革。那时候还处于变革之初，但是他们仍然马不停蹄，再次踏上了颠覆人力资源市场的征途。

那么，他们应该怎么做，才能向市场清晰地传达自己新的定位呢？市场已经知道他们是 PeopleSoft 的创始人，所以他们干脆就将 PeopleSoft 作为自己的市场对手。至于产品对手，他们选择的是世界上最热门的 SaaS 公司——马克·贝尼奥夫（Marc Benioff）的 Salesforce.com。

这样的竞争格局所传达的信息是准确无误的。我们要吸引的是 PeopleSoft 现有的客户群体，他们曾经是"我们"的客户，现在是甲骨文"拥有"的客户。我们保证，客户可以享受 SaaS 的所有好处——随用随付、连续发布、转换成本低廉，这些优势都是以前的客户机－服务器模式无法比拟的。

在此，我想再次声明，WorkDay 要想与甲骨文这样的老牌企业抗衡，仍然要经历艰难的战斗，跟我之前所举的 Box 例子是一样的。但是，通过充分利用参照竞争对手，他们至少不必为如何解释自己的价值主张而苦恼。

在本节的最后，让我们来看看两家没有那么幸运的公司。

失败案例：赛格威（Segway）和 Better Place

在赛格威电动平衡车刚推出的时候，虽然看起来有点呆萌，但是它的技术确实极其出色，其地位比得上如今的谷歌眼镜。不知道读者有没有见过赛格威电动平衡车，它看起来就像一台竖起来的老式割草机，你站在上面，只要朝着目的地歪一下身体，它就会把你送过去。如此完美的操控，只有依靠真正卓越的陀螺仪技术才能做得到，否则它就无法在前进的同时还保持平衡。

该公司得到了当时全球领先的凯鹏华盈风险投资公司（Kleiner Perkins）的大力支持，把这款电动平衡车鼓吹为新一代旅客运输工具，大张旗鼓地将其推向市场。无论什么人，只要工作中需要步行，都可以驾驶这款电动平衡车，邮递员、巡警、抄表的、上门推销的，凡是你想得到的工种，都可以使用。然后，它遇到了楼梯问题，楼梯极大地限制了电动平衡车的使用范围。

不过，平坦的地方还是很多的，而且风投资本每天源源不断地增加，那为什么这款产品一直没有取得重大进展呢？其中一种解释是它未能找到两个参照竞争对手，因此无法让市场理解其定位。当时的确没有真正的市场对手，也就是说，市场上并不存在购买旅客运输工具的预算。与电动平衡车最相似的是摩托车或电动轮椅，也可能是高尔夫球车，但是都不够相似。在产品对手上，没有其他公司在其他细分市场使用这种颠覆性技术，所以也无法将其他市场的成功者作为参照。

放眼市场，赛格威是"一枝独秀"，形单影只。在试图跨越鸿沟的时候，"一枝独秀"可不是什么好事。在电动汽车行业，以色列企业家夏嘉曦（Shai Agassi）创办的 Better Place 似乎提出了更合理的价值主张，但是它也遇到了跟赛格威一样的问题。

Better Place 是基于一个很了不起的价值主张建立起来的。电动汽车显然是未来的趋势，但充电时间太长，所以你只能在有限的条件下使用。要是电池组可以更换的话，那会怎么样呢？你可以去充电站，拆下旧电池组，插入新电池组，然后就可以继续上路了。当然，你可能会遇到不合格的电池组，而解决这个问题的方法是把电池更换基础设施作为公共设施来建设，做到端到端运营，消费者只需要"购买里程"，就像手机客户购买通话时间一样。

这个想法非常有说服力，帮助 Better Place 筹集到 8.5 亿美元资金，但是项目始终无法落地。该公司的确有一个明确的产品对手，即市场上的其他电动汽车，其中迄今为止最成功的品牌是特斯拉。但是，它没有市场对手。公共交通、共享汽车、手机应用——这些只是类似产品，无论哪一个领域，它都找不到可以抢占的预算。此外，在产品对手上，虽然雷诺公司率先推出了第一款可更换电池的电动汽车，但是最终无法吸引足够多的消费者使用电池更换基础设施，更不足以在经济上形成气候。一番努力之后，Better Place 的电动汽车梦还是毫无起色，最后在 2013 年无疾而终。

结语

鉴于以上失败案例，我想在此提醒读者，如果你试过寻找竞争对手，但是找不到一个明确的市场对手，或者一个利用同样技术的产品对手，那你就得留心了，这说明你很可能还没有做好跨越鸿沟的准备。

跨越鸿沟需要有一个目标细分市场作为滩头阵地，而且目标细分市场还需要有用于购买你的产品的预算资金。而且，这笔预算是"错配"的，因为它只换来了既愚蠢又无效的创可贴式解决方案，而这样的解决方案治标不治本，不能彻底解决关键任务流程问题。但是，这笔预算必须已经存在，否则，就算你能成功说服市场预留资金购买你的产品，那也很可能是下一财年的事情了，你就白白浪费了一年的时间。

解决之道在于慎重选择一个市场对手。你的选择必须有说服力，而且要记住，只要你公布了自己选择的对手，你就要与之战斗到底。无论是什么样的市场对手，都不会轻易把这笔预算拱手相让。相反，它会理所当然地认为这笔预算本来就是属于它的，现在你来抢夺，它当然不会善罢甘休。

这个时候，你需要有一个产品对手。你要让每个人都明白，技术革新正在进行之中，旧有解决方案已然落后，必将遭到淘汰。就算在最鼎盛的时期，商贸杂志也无法实现与读者即时互动；就算在最流行的时期，DM 广告也无法直接送达高尔夫球场；就算在最赚钱的时期，总代理商也无法为消费者提供全天候的咨询服务——即便做得到，也不具备成本效益。当然，你的意图不是贬低这些老牌保守派过往的辉煌，你应该对它们表示敬重，毕竟你的目标客户曾经与这些供应商有过长期的良好关系。但是，你应该指出，新浪潮即将到来，虽然以前的供应商是靠得住的，但是现在你要利用新的技术提供更好的解决方案。

所以，有了市场对手，就有了预算，你的产品也就有了市场；有了产品对手，你的产品就有了差异化特征。其实这个过程跟定位十分相似，我接下来要讨论的话题就是定位。

定位

创造竞争是定位过程中最为重要的分水岭，而定位又是高科技营销过程中谈得最多、认识最浅的部分。只要记住以下几个原则，定位方面的失误基本上都可以避免。

1. 定位首先是一个名词，而不是动词。也就是说，最好把定位理解成与公司或产品相关联的一种属性，而不是为了建立这种关联所采取的营销伎俩。

2. 定位是对购买决策影响最大的一个因素。定位是客户识别产品或公司的便捷方式，不但影响他们的最终决策，而且还影响他们对其他产品或公司的评价，正因为有了这些评价，他们才选择了你的产品。换言之，客户对产品或公司的评价，往往只是根据他们看到的预设定位而做出的理性推断。

3. 定位存在于人们的脑海之中，而不是你的话语之中。要想巧妙地介绍定位，你必须使用人们脑海里熟悉的词句，而不是从热门广告文案中直接引用。

4. 人们对于接受定位变化的态度是非常保守的。说白了就是人们不喜欢你来扰乱他们脑海里现有的认知。一般来说，最有效的定位策略就是变化最小的策略。

在以上认识的基础上，我们才能把定位作为一个动词来讨论，也就是使定位变成一个名词的一系列活动。这里有一个决定胜败的根本因素：大多数人以这种方式思考定位时，他们考虑的是如何使产品更易于销售，但正确的目标应该是让产品更易于购买。

很多公司专注于使产品更易于销售，因为它们最担心的就是销售。所以，它们的营销传播往往充斥着产品的所有卖点，因为它们相信一句古老的谚语——只要你一直往墙上扔泥巴，总会有一些粘在墙上。潜在客户可能会被这样的狂轰滥炸吓跑，这反过来又导致销售人员更加穷追不舍。这些营销话语看似针对客户的价值和需求，但其实沟通的重点仍然是销售者如何操纵客户，这是显而易见的事实，潜在客户很容易就能看出来，所以他们就更加心生反感。

这样的结局，归根到底是因为公司过于注重如何让产品易于销售，而忽略了如何让产品易于购买。

仔细想一想，大多数人对推销都有抵触心理，但是很乐意买买买。如果你花心思让一个产品易于购买，那你的注意力就会放在客户真正的需求上。反过来，客户也会感受到你的用心，而且会购买你的产品来回报你的心意。这样一来，易于购买也就变成了易于销售。因此，定位的目标就是让目标客户在脑海中产生一个"此情景下的最佳购买选择"的空间，然后让自己的产品成为唯一的、无可争议的选择。只有当绿灯亮起，前方畅通无阻，市场上也不存在其他竞争对手的时候，你的产品才会更易于购买。

当然，最佳购买选择具体是什么，取决于谁是目标客户。而且，随着产品在技术采用生命周期从左往右推进，这个空间还会不断扩展。对应技术采用生命周期的四个主要心理画像类型，这个扩展过程可以分为以下四个基本阶段。

1. 命名和归类。如果叫不出产品的名字，或者不知道产品属于哪种类型，潜在客户是不会购买的。准确地为产品命名——定位最起码要做到这一点，才能让产品易于技术狂热者购买。

在这个阶段，我们要以精准的文字为颠覆性创新产品写一份技术说明，先指出该产品本质上属于哪个类别，然后用一个描述性的修饰语使其与同类产品区分开来，类似于瑞典自然学者卡尔·林奈（Carl Linnaeus）编目生物界所有物种的方法。

下面是三个以上述方法为产品命名和归类的例子。

- Verinata 是一种基因测试产品，可以通过分离和分析从孕妇血液样本中提取的胎儿细胞来筛查唐氏综合征。

- HANA 是一个数据库系统，可以整体嵌入内存中运行，能够打破由于磁盘写入、磁盘读取或将数据重新托管到数据仓库而导致的性能瓶颈。

- Nicira 是一个软件定义网络（SDN），网络管理者不必通过路由器和交换机，在服务器上就能进行网络配置和数据控制，用一个控制点就可以管理整个网络。

如果你对这些产品类型不甚了解，这些关于定位的陈述对你来说可能意义不大。但对于该领域的专家来说，是具有决定性意义的，你一定要把它们传达给技术狂热者。

2. 用户和用途。只有让客户知道你的产品针对什么目标客户、有何用途，客户才会购买。定位至少要做到这一步，才能让产品易于高瞻远瞩者购买。

高瞻远瞩者关心的不是创新产品的本质特征，而是其潜在影响：创新产品能够使他们所在的行业发生什么样的颠覆性变革？是否能够为他们自己带来巨大的竞争优势？

按照这个标准，上述三个定位声明的例子还要增加以下内容。

- 对于孕妇、医生和医疗保险公司来说，Verinata 提供的妊娠筛查测试比羊膜穿刺术痛苦更小、更安全、更便宜，测试结果也更准确。

- 对于管理业务流程的部门和提供技术支持的 IT 部门来说，HANA 能够实时分析交易数据，并将分析结果应用于交易过程，使交易过程进一步优化。

- 对于在云计算环境中工作的网络管理员来说，Nicira 能够快速重新配置单一网络结构，满足多个关键任务应用的各种性能需求。

这个阶段的重点是关注价值主张中的"那又如何"（so what）和"谁在乎"（who cares）这两个部分。如果这个"谁"既有影响力，又有预算，而且这个"如何"能产生回报，那么，就算在早期市场阶段采购产品有一定风险，也值得一试。

3. 竞争和差异化。只有拿自己的产品与其他产品进行比较，你才能让客户明白，对于你的产品他们能有什么期待，该支付什么价格。定位至少要做到这一步，才能让产品易于实用主义者购买。

确切地说，这是跨越鸿沟之后的事情了，因为这一类产品的可行性已经证实，以至于出现多个供应商争抢同一个客户的局面。

我们在前面的章节谈到，在跨越鸿沟的时候，你需要创造竞争，占据市场对手和产品对手的交叉点，突出自己的竞争优势。其实这是一种特殊的定位方法。更为常见的定位方法，也是营销机构以及向营销机构咨询的企业家更为熟悉的方法，针对的是成熟市场，依据产品已有的市场地位来定位产品。请看下面的例子。

- 智能手机类，苹果 iPhone 在设计上领先，谷歌 Android 手机在性价比上领先，而 RIM 黑莓手机的地位日渐衰落。

- 企业协作软件类，Jive 是 IT 人员用得最多的，Yammer 最受基层终端用户的欢迎，Salesforce 的 Chatter 则是最强大的客户沟通应用。

- 公共云计算服务类，亚马逊的网络服务是享誉国内外的市场领导者，Rackspace 提供了一个开源的选择，而微软则专于自己的企业软件产品的托管云版本。

这种定位方法以"跟我一样的采用者"来区分产品，以此来建立参照点，使普通客户迅速产生认同，从而毫不费力就可以做出购买决策。

4. 财务状况与发展前景。除非客户知道产品来自一个能持续经营的供应商，而且会继续投资这个产品，否则，客户就不可能完全放心购买这个产品。定位要做到这最后一步，才能让产品易于保守主义者购买。

微软、IBM、甲骨文、英特尔、SAP、EMC 和思科等长期屹立不倒的公司都是保守主义者喜欢的蓝筹企业。近年来，戴尔和惠普的经营业绩都持续低迷，处境十分不妙，恐怕也是凶多吉少。Sun 公司更是一败涂地，不得不被甲骨文收购。

这四个阶段的定位策略与竞争性定位罗盘（见图 6-1）的四个象限一一对应。我们可以从本节内容得到一个重要启示：定位要关注的是受众的心理和认知，而不是你的心理和认知。大多数失败的定位声明之所以会失败，原因就在于无法做到换位思考，从受众的角度来审视自己。

定位过程

当我们把定位理解为一个动词时，定位指的是一个传播过程，主要包括以下四个环节。

1. 声明。以此宣告自己在目标市场内无可争议的市场领导地位，这是最基本的定位声明，一定要简短、精练，本章随后会提供一份精简到两句话的定位陈述模板。

2. 举证。如果宣告自己的领导地位无可争议的声明会引起质疑，那这样的声明就没有意义了。所以，要提供足够的证据，使任何一个质疑都不攻自破。

3. 传播。有了声明和证据之后，还要把正确的信息版本按照正确的顺序传达给正确的受众。

4. 反馈和调整。在足球比赛中场，教练需要根据场上形势调整战术，营销人员也一样，需要在市场竞争过程中适时调整定位。竞争对手肯定会寻找机会攻击你的薄弱环节，你要及时修补漏洞，或者以其他方式予以应对。

从最后一个环节可见，定位是一个动态过程，而不是一次性事件。所以，在产品生命周期内，营销人员需要多次面对同一类受众。因此，建立信任关系，而不是一次性博得他们的赞赏，才是持续取得成功的关键。

声明：通过电梯测试

在这四个环节中，目前最难做好的环节是声明。不是我们没有想法，而是我们无法在合理的时间范围内把想法表达清楚。因此，电梯测试就应运而生。你能在乘坐电梯的时间内解释清楚自己的产品吗？风险投资者一直用这个方法测试项目的投资潜力。如果你不能通过测试，他们就不会投资，原因如下。

1. 你的声明无法通过口耳相传的方式来传播。能够以口耳为媒介传播开来的思想最多只有一两句话，超过一两句话，人们就无法记住。我们已经知道，高科技营销要取得成功，关键在于口碑传播。如果你的声明无法通过口碑传播，那你就一定会失败。

2. 你的营销传播信息会支离破碎、杂乱无章。每次公司要编写产品宣传册、演示文稿或者广告文案，编写人员都会从声明里引用几个词语，然后从不同维度形成另一个版本的定位声明。无论新版本写得多精彩，都不会对旧版本产生强化作用。就算知道你的定位，市场也会感到不安，一个定位不明确的产品是很难有人买账的。

3. 你的研发工作也会支离破碎、杂乱无章。同样，由于你的定位有很多不同维度的陈述，工程技术和产品营销可以选择任何一个或多个前进方向，而且这些合起来并不一定能形成真正的市场优势。你将没有一个明确的、助你取胜的价值主张，却有许多让你跌落谷底的价值主张。

4. 你将找不到合作伙伴和盟友，因为他们无法确定你的目标到底是什么，因而无法向你做出任何有意义的承诺。相反，在私底下，在业内相互交流的时候，他们都会说："技术是很厉害，只可惜他们不会做营销。"

5. 任何有经验的投资者都不可能为你提供融资。正如刚才所说，大多数精明的投资人都知道，姑且不论其他问题，如果你不能通过电梯测试，就说明你没有一个清晰的——也就是可投资的营销策略。

那么，怎样才能确保通过电梯测试呢？关键是要根据瞄准的目标细分市场和相应的价值主张来确定自己的定位。正因为关于"用户和用途"的定位声明能够让高瞻远瞩者产生共鸣，早期市场的竞争才得以开启。同时，你还要以市场对手和产品对手为参照，利用我们在前面讨论的竞争和差异化定位优势，为自己未来占有主流市场做好铺垫。

下面是一个行之有效的两句话定位声明模板，你可以用自己的公司和主要产品试一试，只需要在括号里填写相应的内容：

- 对于（目标客户——仅包括滩头阵地的客户），
- 他们不满意（目前的市场对手），
- 我们的产品是一个（产品类别），
- 能够满足（迫切购买理由）。
- 不像（产品对手），
- 我们已经整合（针对具体应用的主要整体产品功能）。

我们用本章前面所举的例子来试一试吧。

Verinata

- 对于高龄孕妇及相关人员，

- 她们不想采用羊膜穿刺术筛查胎儿唐氏综合征，想寻找其他方式，

- Verinata 提供胎儿 DNA 基因分析技术，

- 不需要将针插入子宫。

- 与其他胎儿畸形基因检测不同，

- Verinata 测试是目前市场上最准确的基因测试。

HANA

- 对于在线零售商和其他公司，

- 它们希望协助客户代理在交易中促成追加销售（up-sell）与交叉销售（cross-sell），

- HANA 是一个在线交易处理（OLTP）内存数据库，

- 能够运用实时数据分析，向消费者推荐合适的产品。

- 与市场领导者甲骨文的数据库解决方案不同，

- HANA 不需要融合和维护两个独立的事务处理与分析环境。

有趣的是，要写好定位声明，关键不在于写下什么内容，而在于舍弃什么内容。比如上述 Verinata 的定位声明，并没有提及它是最便宜的测试。而 HANA 的定位声明只提到零售商，尽管在零售业之外，内存数据库还有很多其他应用场景。在这两个例子里，要

是增加更多价值主张，以求得到更大的效果，会不会更好呢？

答案是斩钉截铁的"绝对不会"。事实上，这恰恰是大多数定位工作的败笔。记住，定位就是要在目标客户的脑海里创造一个空间并且用你的产品将其全部占据。正如我们在前面所说的，人们对于你向他们灌输新想法的态度是非常保守的，他们最不喜欢的一件事情就是你在他们的脑海里占据了太多空间。所以，他们会使用一种简略的方式记住产品。例如，奔驰——顶级品牌，保守主义；宝马——高性能，雅痞风格；林肯——美国顶级品牌，略显陈腐；雷克萨斯——市场新贵，目前的最佳选择。就只有这么一点空间给你填写你的差异化定位声明，必须像写一封不超过一行的电报那样简洁精准。你只能选择填写一个产品特征，如果你不做取舍，那市场就会帮你做。而市场上的竞争对手时刻都在寻找机会将你取而代之，所以不要幻想它们会对你手下留情。

在继续讨论其他问题之前，我还要强调一点：定位声明不是广告标语，你应该找广告公司撰写广告标语，而不是找营销团队。定位声明的作用在于控制广告宣传活动的边界，无论广告标语多么"富有创意"，都不能偏离定位策略。如果广告标语的观点与定位声明的观点不一致，那么，无论广告做得多精彩，必须改变的都是广告标语，而不是定位声明。

转移举证的责任

做高科技营销最难的地方在于，就在你以为自己找到了窍门的时候，这个窍门马上就变成了明日黄花，即便是提供证据这么简单的事情也是如此。也就是说，就像高科技领域的其他问题一样，我们所需要的证据会随着产品进入技术采用生命周期的不同阶段而不断变化。我们可以根据竞争性定位罗盘的框架将其归纳如下（见图 6-3）。

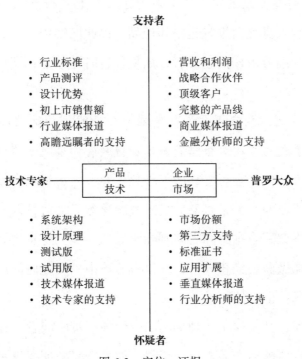

图 6-3　定位：证据

如图 6-3 所示，按顺时针方向走，从左下象限到左上象限，再从右上象限到右下象限，分别是技术狂热者、高瞻远瞩者、保守主义者、实用主义者想看到的证据。要特别注意的是，从产品到市场的过渡，对应的是跨越鸿沟的过程。这也印证了我们一直以来坚持的一个观点：实用主义者更关心市场对产品的反应，而不是产品本身。

这里有一个特别尴尬的情况：正在跨越鸿沟的高科技公司所需要的证据并不在其直接控制之下。问题不在于产品是否具备优秀的功能，也不在于公司是否赢得行业标准大战，而在于其他人（理论上是无利害关系的第三方）是否在口头上和行动上支持你的产品。你要投入真金白银打造整体产品，以此向实用主义者证明，你注定会成为细分市场的领导者，如果你暂时还不是，那你未来也一定是。

总而言之，在实用主义买家看来，证明领导地位和能够在竞争中获得胜利的最有力证据就是市场份额。如果缺乏明确的市场数据，实用主义者就会根据你的合作伙伴和盟友的情况来做判断，包括它们的实力和数量，以及它们对打造整体产品的投入程度。买家遵循的原则就是根据追随者来判断领导者，他们想看到共同营销的迹象，比如做联合销售拜访，在销售资料中提及彼此的产品，即使对方不在场，也坚持表示相互支持。

说到底，其实这是跨越鸿沟的营销传播策略问题。你不但要有证明自己打造整体产品支持的证据，而且还要把证据发布出来，使之人人皆知。

整体产品发布

产品发布的概念早已广为人知，整体产品发布的概念就是由此延伸而来的。每当有一种新的高科技产品问世，在正式向市场发布之前，高科技公司通常会先向行业分析师和主要媒体介绍产品的情况（让他们成为参照群体），然后在正式发布的前一周，公司高层管理人员会密集拜访各大行业媒体并发出邀请，最后才是正式的产品发布会。

如果新产品本身确实属于初次出现的"新闻"，那这样的产品发布也能够发挥相当不错的作用，很适合用来开发早期市场，但是并不适合用于跨越鸿沟——在这个时候，产品已经算不上是"新闻"了，而且，如果我们想要赢得实用主义买家的青睐，那产品也最好不要是"新闻"。对于一个算不上"新闻"的产品二次发布，行业媒体并不感兴趣，更不会写文章大肆宣传，即使你是甲骨文、SAP 或微软这样的行业巨头也不行。所以，如果你要传达的信息不是"看看我们的热门新产品"，那应该是什么呢？你又应当如何把这个信息传播出去呢？

现在能引起共鸣的信息更可能是"看看这个热门的新市场"。具体而言，你要详细描述一个正在崛起的新市场：一个长期存在的痛点、一个传统产品束手无策的顽疾，现在终于有了一个新的、有效的解决方案——整体产品解决方案。为了打造整体产品解决方案，你招募了一群锐意进取的合作伙伴和盟友。现在，这个新市场的客户群体越来越明确，规模也在日益壮大，为了满足他们的需求，每一个合作伙伴和盟友都将不遗余力，使整体产品解决方案不断完善。这个故事最吸引人的地方在于，我们看到一个新的趋势正在形成，只要能够赶上这一趟发展列车，每个人都会成为大赢家。对于小型创业公司来说，这尤其是一个很好的故事，能够使它们获得良好的信誉，这是它们靠自己无法得到的。它们的产品甚至不一定是整体产品的核心——只需要成为一个不可缺少的组成部分，比如 ATI 为微软 Xbox 360 提供 GPU（图形处理器），或者 ARM 为苹果 iPhone 提供芯片技术。

那么，如何利用营销传播提高自己取得成功的概率呢？营销人员首先要选择正确的传播渠道。一般来说，有两个渠道比较适合讲述整体产品故事。第一个是商业媒体。针对整体产品的营销传播是这些商业媒体的谋生之道，合作伙伴和盟友齐心协力帮助某一家公司打造出完美的整体产品这样的故事，商业媒体最喜欢挖掘。如果有些公司与合作伙伴不断地打造和推出卓越的整体产品，商业媒体更是闻风而动，持续跟进报道。

当然，如果只是一家成立不久的创业公司，商业媒体肯定会谨慎一些。在这种情况下，可以找金融分析师就新兴市场机遇（不是公司本身）撰写市场分析报告，首先在金融分析师群体中形成参考意见。一般来说，金融分析师都很乐于了解和推介新兴市场机遇，在此过程中，他们也可能会对新兴创业公司产生兴趣。只要他们相信这个市场机遇，商业媒体在撰写报道的时候就可以参考和引用他们的观点。

企业将整体产品交给商业媒体进行宣传的时候，最好能够充分发挥其他市场参与者的作用。召开新闻发布会就是一个有效的方法，可以邀请客户、分析师、合作伙伴、分销商等代表坐在台上分别发言。当然，还可以采取一个更周全的方法：赞助举办一次行业会议，参与讨论推动市场发展的核心议题。无论用哪一种方法，主要目的都是把正在形成的"乐队花车效应"（bandwagon effect）传播出去。

最后，通过商业媒体进行营销传播还必须有大局观、大创意，不能囿于细枝末节。如果仅从技术层面讲述科技故事，那只不过是零碎的豆腐块，排版时放在重要文章之间，仅用于填充版面。科技故事要想成为一个商业故事，必须超越科技本身，挖掘技术之外的内容。因为行业在不断进步，所以新的机遇出现了，或者新的问题可以得到有效解决——这就播下了一个商业故事的种子。由于在技术上取得了突破，整个行业实现了飞跃式发展，而且整体产品基础设施也随之更新换代——这就是这个商业故事的主旨。

商业媒体作为一种传播媒介，最大的优点是可信度高，几乎所有商业采购都愿意参考商业媒体的报道。然而，为了维护自己的公信力，在创业公司没有证据证明自己的实力和声誉之前，商业媒体是不愿意为其背书的。换句话说，创业公司需要经过很长时间的争取才能得到商业媒体的报道。但如果能够成功突破第一次报道，那第二次报道就会容易得多。而且，随着公司在商业媒体的地位越来越高，后续对产品的报道也会越来越全面。

所以，与商业媒体编辑建立良好关系，共同打造一个引人入胜的整体产品故事，是跨越鸿沟时应该采取的一个关键策略。除了商业媒体外，还有另一个传播整体产品信息的渠道，业界通常称之为"垂直媒体"——也就是专门针对某一行业或某一职业的媒体。实用主义者和保守主义者都比较重视维持群体内部的关系，行业展会和研讨会、专业协会的研讨会、针对具体细分市场的出版物等比较容易吸引他们关注。相对来说，只要供应商的推销方式不那么咄咄逼人，以上组织和活动对于供应商参与其中的态度是比较开放的。

整体产品议题最适合放在这一类行业组织和活动里讨论。具体做法是让具体行业的相关人员聚在一起，讨论供应商所在的细分市场最新的技术创新情况，分析这些技术创新可能对他们自己公司的业务有何助益。准确来说，这些活动关注的重点既不是供应商，也不是供应商的产品，而是客户，比如客户有什么需求，市场上还有什么产品可以满足客户的需求。在某种意义上，这些活动就是为供应商服务的，但实际上给人的感觉并非如此，因为供应商参加这类活动时的身份定位是顾问而不是销售人员。

总的来说，整体产品发布活动的目标就是建立良好的关系，促进口碑传播，达到正面宣传公司和产品的作用。在这里，你要记住两点。首先，建立关系需要时间，找出谁比较有影响力需要时间，认识和了解他们需要时间，尽快了解行业问题也需要时间，只有投入时间把工作做到位，才能建立对双方都有意义和价值的关系。其次，这些关系建立起来之后，自然而然就会形成一个巨大的障碍，能够阻挡其他竞争对手进入市场，因为实用主义者和保守主义者（任何一个主流市场的主体）都喜欢与认识的人做生意。

小结：竞争性定位清单

知己知彼，百战不殆，只有充分认识自己和竞争对手，才能拿下实用主义买家的生意。为此，你必须做到以下几点。

1. 整合目标客户、产品和迫切购买理由，打造一个有吸引力的核心价值主张，并将此作为你的公司和产品的立足之本，而且聚焦于核心价值主张，在一个明确的细分市场确立地位。

2. 从实用主义买家的角度出发，选择两个同样能够实现这一价值主张的竞争对手，创造一个合理的、全面的竞争格局。不要刻意排除任何一个合理的竞争对手，这种做法比任何事情都更会引起实用主义者的反感。

3. 把你的基本竞争声明精简为两句话，将此作为营销传播的核心概念，公司的所有宣传活动都不能偏离这两句话所确立的范围。其中第二句话尤其要反复雕琢——你的竞争对手是谁，跟竞争对手相比你有何优势，一定要清晰无误。

4. 打造高质量的整体产品解决方案，招募高质量的合作伙伴和盟友，以此证明你的竞争声明是真实可行的。只有这样，实用主义买家才会相信，你就是（或者必将成为）无可争议的领导者。

第 7 章　发动进攻

在本章中，我们要执行 D-Day 战略的最后两步——分销和定价。现在，我们要发动进攻跨越鸿沟，分销就是我们达成目标的战车，定价就是战车的燃料。在高科技营销过程中，只有分销和定价这两个环节的营销决策需要直接与主流市场客户产生联系。因此，分销和定价这两个环节的决策都会产生巨大的战略影响，尤其是分销，通常只有一次机会。正因为如此，我们把这两个环节放在进攻计划的最后，先集中精力解决其他问题，然后再考虑分销和定价方案。

在跨越鸿沟的时候，企业的首要目标是确保得到一个能够进入主流市场的分销渠道，而且是一个让实用主义客户感到舒服、愿意接受的渠道。这个目标先于收入，先于利润，先于媒体，甚至先于客户满意度。所有这些其他因素都可以在以后考虑——但前提是分销渠道能够建立起来，或者反过来说，如果分销渠道没有建立起来，那就无法进一步完成任何其他任务。最后，既然建立渠道是第一目标，那么定价策略的基本作用也是达到这个目标。换言之，在鸿沟时期，定价策略首先要关注的不是满足客户，也不是满足投资者，而是激励渠道。

综上所述，在跨越鸿沟的时候，我们要吸引以客户为导向的分销渠道，其中最重要的吸引手段就是以分销为导向的定价策略。

以客户为导向的分销渠道

在过去的十年里，随着互联网的影响越来越大，高科技产品销售、市场和分销都发生了巨大的变化。但是，分销渠道所针对的客户群体一直没有改变，大致可以分为以下五类，每一类都有与之对应的一种最佳销售方式。

1. 做出大宗采购决策的企业高管，他们关注的是让整个公司全面采用新的复杂系统。

2. 做出相对低成本采购决策的终端用户，他们关注的是公司或自己将要采用的个人或工作组的技术水平。

3. 做出中等成本采购决策的各部门负责人，他们要选择针对具体用途的解决方案，以供本部门内部使用。

4. 设计工程师，负责设计卖给他们客户的产品和服务。

5. 小企业所有者 / 经营者，他们的采购规模不大，但对他们来说非常重要，因为他们的资金有限，而且非常需要获得投资回报。

每一类客户群体都有自己喜欢的分销渠道，下面我们来看看详细情况。

直接销售与企业买家

企业买家为企业采购大型技术系统，预算可高达数十万甚至数百万美元。因此，它们想要的是一种咨询式的销售体验，这种体验能够准确厘定它们的关键需求，并且能够向供应商定制相应的产品予以满足。直接销售（后文简称"直销"）方式通过自上而下的营销、销售和交付方式，可以满足企业买家的期望。

直销方式所涉及的营销称为"关系营销"，一般做法是精心设计一些领导力活动、论坛，吸引少量企业高级管理人员聚在一起，在这样的场合中，他们可以向专家学习，相互交流想法，结识供应商方面的高层人员。随后是企业高管与供应商高层的个人联系，他们通常会指定下一级管理人员或执行人员进一步联系，商讨他们谈到的合作可能。

进入销售阶段，我们通常会采取"解决方案销售"的销售方式，本质上就是量身定制一个整体产品，以满足特定潜在客户的具体需求。然而，在早期市场中，潜在客户可能甚至没有意识到存在需要解决的问题。这就需要我们采用"挑衅式销售"，即供应商提出一个挑衅性的主张，或者一个以前未曾注意到的机会，或者一个即将到来的危机，要求客户重新安排现有的预算。无论是哪一种情况，供应商都会派出一位高明的主管，首先与潜在客户公司管理团队的高级成员会面，以确定是否有高层支持，然后与各中层经理会面，进行需求分析并制定销售提案。这些工作完成之后，剩下的任务是让高层点头，拿下采购合约，签署采购订单（PO），履行承诺。

在这种市场跟进（go-to-market）销售方式的交付阶段，销售提案中所承诺的所有定制要求都必须切实履行。一般来说，这需要供应商派出自己的专业服务团队，主要专注于安装供应商的产品，还需要第三方系统集成商作为补充，负责提供整个解决方案的启动和运行所需要的所有外围再造工程与集成服务。

利用直销方式跨越鸿沟，并取得飞跃式高速增长的企业包括Salesforce.com、VMware 和 WorkDay。

基于网络的自助服务与终端用户买家

与企业买家完全不同，终端用户买家是为自己购买技术，他们愿意支付的费用可能是每次数百美元或者每个月数十美元——而且往往还是在免费试用之后。因此，他们想要的是一种以自助服务为主的交易式销售体验，而互联网正是提供这种体验的最佳平台。

网络营销主要是推广营销，通过免费使用或试用期等噱头进行推广，一般做法是向潜在客户发送点击广告和推销电子邮件。现在，营销人员可以通过用户行为定向、机器学习和其他算法技术等手段提高连接率，发送点击广告和推销电子邮件等营销方式也越来越有效。

只要用户点击了一个链接，双方的关系就变成了一个直接响应的销售活动。也许第一次接触就可以成功达成交易，也可能需要通过一系列频繁接触，让终端用户有机会试用和体验产品，然后再做出购买决策。数字服务产品通常会有一个免费的试用期，或者免费提供的最低配置产品。这就是所谓的免费增值模式（freemium model），在客户免费使用核心技术后，通过向客户追加销售附加值产品来获得收入。如果提供的产品包括实物产品，而不仅仅是软件，那么销售方式通常采用电子商务交易。亚马逊就是这种销售模式的世界领导者，其过程包括加入购物车、结账、发货运输、电子邮件确认和物流跟踪。

在交易式销售体验里，所有的支持服务都是围绕着避免个人接触而设计的，这不但可以为供应商省钱，而且往往也能取悦客户。当然，供应商至少会提供一个常见问题（FAQ）网页，附上一个电子邮件地址，便于客户做进一步查询。愿意更快响应客户的供应商通常会提供在线咨询服务，一个专业支持人员就可以同时服务多个客户。顶级的支持服务要数 Lithium、Jive 等提供的社区化技术支持，在这样的客户在线社区里，知识渊博的客户会向新来的客户伸出援手。

通过这种模式取得成功的公司是否还需要跨越鸿沟，目前还不能确定。我在本书书后的附录中提出了另一种描述市场发展路径的模式，称其为"数字消费品采用的四个齿轮模型"，取得成功的公司包括互联网通信公司 Skype、企业协作公司 Yammer 和下一代演示文稿公司 Prezi。

销售 2.0 与部门经理买家

采购 IT 产品的部门经理陷入了困境。在一家大企业中，他们购买的 IT 产品必须符合大企业的标准，但是，他们既没有预算，也没有人手支持这种高标准的采购项目。以前，他们只能采用当地增值转售商提供的拼凑式解决方案，虽然质量极不稳定，但是他们也无可奈何，别无他法。现在，互联网创造了一个强大的销售渠道新选择，也就是人们所说的"销售 2.0"。

销售 2.0 包括完全通过数字媒体进行的直接接触营销、销售和服务。这种营销方式看起来很像基于网络的终端用户自助式交易营销，但是，当潜在客户点击一个链接时，两者就产生了差异。客户点击链接之后，不是进入自动响应系统，而是让销售人员得到提醒，然后通过电子邮件或语音电话等方式联系终端用户。根据潜在客户感兴趣程度，销售人员会做出相应的推荐，比如打开其他网站、下载相关资料、参加网络研讨会，或通过网络进行产品的现场演示。随着潜在客户的参与度越来越高，系统会跟踪他们的状态，并提醒销售人员采用销售周期的下一步动作。从客户感兴趣到最终完成交易，整个过程都是通过网络进行的。

一旦潜在客户成为客户，责任就会从销售团队转移到交付团队。在 SaaS 的新模式下，供应商更有动力履行承诺，因为它们的客户只需要轻轻点击鼠标，就可以停止订购服务。在《消费经济学》一书中，托德·休林（我的老同事）和 J. B. 伍德（我的老朋友）对这类供应商与客户的动态关系有精彩的描述。出于经济考虑，供应商愿意采用越来越高效的方式来提供数字支持，包括直接提供和通过社区支持提供。对于那些需要技术人员进场的情况，销售 2.0 公司则会招募合作伙伴来解决现场支持的需求。

采用销售 2.0 模式取得成功的公司包括会计软件供应商 Intacct、法律软件应用供应商 IntApp、云计算厂商 Rackspace 和协作软件供应商 Box。

传统两级分销与设计工程师买家

设计工程师是非常挑剔的潜在客户和顾客。他们不喜欢营销传播，也不喜欢销售人员，但是，如果他们想运用最新的组件技术设计下一个创新产品，那就需要营销传播和销售人员的服务。此外，从供应商的角度来看，尽管设计工程师的要求很苛刻，但实际上他们并没有任何批量采购产品的权力，可是，供应商是否能受到邀请参与采购谈判，设计工程师是很关键的早期决策者。所以，要求那么多，口袋里却没有钱——那我们这么辛苦有什么好处？

好消息来了。从营销的角度来看，网络是与设计工程师沟通的绝佳媒介。他们可以随心所欲地参与沟通，无论想了解什么样的问题，都可以获得基于事实的看法。然而，他们迟早会需要看到样品，而且更多的时候，看样品这件事情十分复杂，需要一个销售人员在现场演示说明。这就会让客户接触两级分销的"第二级"分销渠道，通常是独立的经销商。但是，经销商这个分销渠道并没有资金持有库存，所以必须从直接面向厂商的"第一级"分销渠道获得支持，通常称为分销商（distributor）。

如果设计工程师选择了某一组件，部件供应商会称之为"设计中标"，也就是赢得了该组件的订单。"设计中标"意味着得到一份与产品公司的采购部门进行谈判的邀请，为今后的一系列采购确定价格、条款和条件，采购量的大小将取决于新产品在目标市场上的成败。在这个阶段，提供支持的责任转移到组件供应商身上，而组件供应商往往会派出成熟的工程师，协助调试客户的下一代设计。

在高科技营销领域中，两级分销模式可以说是最古老的销售和营销模式。在 Avnet、Arrow Electronics 和 Tech Data 等分销商的支持下，全球三大智能设备硅组件供应商英特尔、Broadcom 和 NVIDIA 都选择了两级分销模式作为首选分销模式。

增值转售商与小企业主买家

小企业主其实就是消费者，只是换了个角色罢了。问题是，他们的业务需求并不能整齐划一地归入消费者这一类别，所以他们只好在 Fry's 和 Office Depot 这样的电子零售连锁大卖场里晕头转向，不知道应该购买什么技术产品，也不知道该如何操作。他们知道自己需要帮助，但他们的钱袋子不够鼓，所以他们只能苦苦寻找一种廉价的方法来完成任务。

他们的天然盟友是当地的增值转售商。增值转售商通常是独资企业，一般会经营低开销的业务，总是渴望获得新客户。通常，这些增值转售商的所有者是技术狂热者，他们最开心的时候，就是与他人分享专业知识而且还能获得报酬的时候。然而，他们往往不善于营销和销售，这就是需要产品供应商帮助他们的地方。

以小企业主为目标客户的供应商必须承担几乎所有的营销责任和大部分的销售责任，但是几乎不用承担售后支持的责任——售后支持是增值转售商的责任，它们就是以提供售后支持为生的。市场营销采用普通的网络程序即可，要注意的是，如果增值转售商具有主动进入市场的能力，那么可以直接与增值转售商共享销售线索流（lead flow）。小企业主客户无法真正利用销售 2.0 的经验，因为他们缺乏专业知识，无法熟练参与其中。因而，他们想寻找一个介于他们自己和技术世界之间的代理人，一个值得信赖的顾问，这就是增值转售商可以扮演的角色。而由于增值转售商的大部分收入来自售后服务，所以它们也急于赢得和保持这种信任。

利用这种模式获得成功的公司包括小型企业 SaaS 模式 CRM 系统供应商 Infusionsoft、在线账单支付商 Bill.com 和 Intuit，后两家公司主要将注册会计师作为主要的增值转售商资源。

以上便是高科技营销可以采用的五种以客户为导向的分销渠

道，每一种分销渠道所面向的目标客户都不一样，对目标客户的迫切购买理由有不同程度的关注。在跨越鸿沟的时候，企业家需要选择最适合自己目标市场策略的分销渠道，也就是首要分销渠道。跨越鸿沟之后，随着公司继续取得成功，公司很可能需要扩大分销渠道覆盖面，以便占领其他细分市场。但是，在未来很长一段时间内，公司的首要分销渠道不会改变。因此，一定要深思熟虑，选择最佳的渠道/战略组合。而且，如果第一选择没有得到好的结果，那就应该迅速转换渠道，这并不丢人。

以分销为导向的定价策略

定价决策是管理团队最难达成共识的问题之一，定价的角度太多，而且所有角度都希望得到主导权。在本节中，我们将对其中的一些定价角度进行梳理，并为鸿沟时期的定价策略制定一些合理的准则。

客户角度的定价

定价的第一个角度就是客户角度。正如我们在"发现鸿沟"一节所说的，不同客户群体的心理画像存在很大的差异。高瞻远瞩者——主导早期市场发展的客户，对价格相对敏感。他们追求战略上的飞跃式发展，渴望实现数量级的投资回报，他们坚信，任何眼前的成本与最终的结果相比都是微不足道的。事实上，他们希望定价能够高一些，因为他们知道他们将会需要特殊服务，定价高一些，供应商才有资金满足他们的需求，甚至认为，购买定价更高的产品显得更有气派。所有这些都是基于价值的定价，因为对终端产品赋予了极高的价值，所以产品价格所代表的内涵非常丰富。

在市场的另一端是保守主义者，他们想要的是低价。他们等了很长时间才去购买产品——漫长到足以让整体产品彻底得到完善，足以让产品价格降到只比成本价高一点点，这就是他们延迟购买的回报。他们没有获得竞争优势，但他们确实把购买成本降了下来。这就是基于成本的定价，一旦所有值得为产品多花钱的额外理由消耗殆尽，任何主流市场最终都会出现基于成本的定价。

介于这两种类型之间的是实用主义者——我们在跨越鸿沟时必须要争取的目标客户。正如我们反复强调的，实用主义者希望支持市场领导者。他们已经知道，支持市场领导者可以将整体产品的成本（不仅是购买成本，还有持有成本）保持在最低水平，并且还可以从投资中获得一定的竞争优势。他们愿意付高价购买市场领导产品，相较于竞争对手的溢价幅度可能高达 30%。这就是基于竞争的定价。即使市场领导产品获得了溢价，这个价格仍然是与市场上其他竞争对手比较的结果。如果不是市场领导产品，那就得反过来，制定一个打折之后的价格。

我在上一章指出，跨越鸿沟有一个关键步骤：创造可行的竞争组合，通过与市场对手和产品对手这两个参照竞争对手比较来确立自己的市场领导地位。那么，作为市场领导者，你的产品价格一定要比参照竞争对手的价格高。也就是说，你的产品定价高于市场竞争对手，因为你拥有下一代创新技术；你的产品定价高于产品竞争对手，因为你投资打造了一个面向特定细分市场的整体产品。

供应商角度的定价

供应商角度的定价是很多内部因素作用的结果，从产品成本开始，然后是销售成本、管理费用、资本成本、承诺的风险调整收益率等因素。这些因素对于企业能否持续盈利至关重要，但是对市场没有任何直接意义。只有当影响到其他市场可见的问题时，这些因素才变得有意义。

例如，供应商角度的定价通常会确定一个适合直接销售、网络自助服务或销售 2.0 的价格范围，在做出定价的同时也做出了分销渠道决策。此外，产品进入市场之后，如果供应商角度的定价能让产品在后期主流市场中获得低成本的价格优势，或者能让产品的经营利润为下一个早期市场的创新研发提供资金，那么供应商因素也会产生很大的影响。

供应商角度的定价的最大影响在于达到年收入目标需要多少交易数量。假设年收入目标是 1000 万美元，如果这只是来自滩头阵地的细分市场收入，那么这是一个合理的数字，说明你已经成功跨越了鸿沟。在采用两级分销的 OEM 模式中，可能只需要拿下一两个大的"设计中标"订单，就可以实现 1000 万美元收入。在直销模式中，可能需要 20 ～ 40 笔交易，其中一半的收入可能来自收入排名前五的订单。在销售 2.0 模式中，可能需要乘以 10——也就是

200 ～ 400 笔交易。而在增值转售商的模式中，客户主要是小企业主，那得再乘以 10 ；如果是面向普通消费者的大批量模式，那还得再乘以 10——也就是 20 000 ～ 40 000 笔交易。

可见，对于每一个价位都需要从不同的管理角度来管理销售漏斗，从上到下，从疑似客户到潜在客户，到合格客户，再到成交客户。成交量越高，交易数量越多，你就越要依赖于填满漏斗顶部。价格越高，交易过程越以关系为导向，你就越要关注漏斗底部。显然，在销售 2.0 的模式下，最应该得到重视的是漏斗的中间环节，因为过程的有效性和效率对销售 2.0 模式的影响最大。

话虽如此，但在跨越鸿沟时期，供应商角度的定价却是最不恰当的定价决策依据。在跨越鸿沟的时候，你必须百分之百从外部着眼——既要关注主流客户的新需求，又要设法与首要分销渠道建立新的关系。其实，在这个时期，获得持续进入主流市场的分销渠道才是首要任务。所以，此时的定价决策因素，应该优先考虑与首要分销渠道建立新的关系。

以分销为导向的定价

从分销的角度来看，以下两个定价问题对渠道的积极性影响很大：

- 这个价格是否能卖出去？
- 卖出去有钱赚吗？

产品以某个价格能卖出去，意味着这个价格不会成为销售周期中的主要问题。跨越鸿沟的企业在早期市场取得成功，其产品价格通常很高，因为高瞻远瞩者对价格并不敏感。但是，对于实用主义客户，价格就成为一个问题。然而，当渠道商反馈潜在客户的抵触情绪，并将竞争产品价格作为预期定价的依据时，企业往往会反驳说不存在这样的竞争产品，客户有抵触情绪，只是因为渠道商不懂得如何正确地销售产品。

当然，产品定价过低也是无法跨越鸿沟的。渠道商已经与主流客户建立了稳定的关系，如果新产品定价过低，没有包含足够的利润，那就无法激励渠道商付出额外的努力引进一个颠覆性创新产品。要让渠道商全力以赴采取新办法推广新产品，那就必须要提供比一切照旧更有吸引力的回报。

综合以上所有定价角度，在跨越鸿沟的背景下，我们可以将产品定价的根本目标描述如下：将价格定在市场领导者的价位上，以此巩固你的市场领导地位（或至少不要削弱），并在价格中为渠道商预留一份超高额奖励，当产品在主流市场的领导地位稳固之后，渠道商对分销权的竞争有所增加，这种奖励也会逐渐消失。

小结：发动进攻

综上所述，在跨越鸿沟的 D-Day 战略中，发起进攻是最后一个步骤——具体而言，就是给产品定价，然后通过合适的销售渠道投入市场。这两项任务都无法轻易分解为详细的行动清单，但是我们至少可以总结出以下四个重要的指导原则。

1. 首先，要确保得到一个以客户为导向的分销渠道。这是主流市场的实用主义客户期望的分销渠道，而且他们希望从这个分销渠道购买你的产品。

2. 选择什么样的分销渠道为目标市场提供长期服务，取决于你的产品价位。但是，如果你选择的并不是直销方式，那么在跨越鸿沟这个过渡期内，你可能需要采用另一种辅助分销渠道，或者直接换成另一种分销渠道（一种旨在创造客户需求的渠道）推动主流市场早日接受你的产品。

3. 主流市场的产品价格本身就能传达某种信息，这种信息可能使你的产品更易于销售，也可能更难销售。实用主义客户只接受市场领导地位的产品，因此你的产品价格必须能体现市场领导地位。所以，你的产品定价一定要参考竞争对手同类产品的价格。

4. 最后，你必须记住，利润是给渠道商的奖励。跨越鸿沟也会给渠道商带来额外的压力，而且你还要利用渠道商与实用主义客户已经建立的关系，所以，在跨越鸿沟时期，你应该向渠道商支付丰厚的利润。

上述四个原则不仅是本章内容的结语，也为第 3 章到第 7 章所介绍的跨越鸿沟时期的营销策略画上了句号。这几章的目标就是为企业的营销思路建立一个基本框架，帮助企业应对跨越鸿沟时期的各种挑战。从整体上来看，D-Day 战略强调，在跨越鸿沟时期，任何一家公司都同时面对着巨大的风险和难得的机遇。在这种情况下，采取行动的最大障碍往往是不知道有哪些可用的有效策略。我们希望这些章节能在一定程度上消除这一障碍。

我们还要面对更多、更棘手的问题。如果说这条鸿沟是一个巨大的挑战——它的确让高科技企业大伤脑筋，那这个挑战也是高科技行业自己制造的。简而言之，是我们这个行业自身让这条鸿沟变得越来越深。只有我们知道自己怎么落得这般境地，并且改正过来，我们才能够真正战胜这条鸿沟。

在明白这一点之后，让我们进入本书的结论："摆脱鸿沟。"

第 8 章 结论：摆脱鸿沟

　　长期以来，谈论高科技公司的发展是一种时尚，人人都在说高科技公司的发展可以靠市场推动，而且应该转变为依靠市场推动。但是，我个人认为，这里不存在什么"转变"，所有企业的发展都得依靠市场，这是理所当然的，不管它们自己是否承认。每当高科技公司推出一款颠覆性创新产品，市场开发一开始都会非常快速，但是经过一波高速增长之后，市场就会出现戏剧性的停顿——这就是鸿沟现象。鸿沟现象会让所有新兴高科技企业陷入危机，它们必须离开相对安全的成熟早期市场，进入主流市场寻找新的落脚点。

这些市场力量是不可阻挡的，而且它们必将推动公司向前发展。关键在于公司管理层能否及时意识到这些变化，并且把握好采取行动的时机。

到目前为止，我们一直把鸿沟现象看作一个市场开发问题，只关注跨越鸿沟的营销战略和策略。但是，鸿沟现象影响的不只是营销部门。事实上，鸿沟的冲击力影响高科技企业经营的方方面面。因此，在这最后一章中，我们将从营销的角度退后一步，审视另外三个需要做出改变的关键领域：财务、组织发展和产品研发。我们的目标始终只有一个：引导企业的行为，帮助企业不断向主流市场挺进，而不是重蹈覆辙，再次跌入鸿沟。要知道，再次跌入鸿沟的事情也是经常发生的。

本章要介绍的核心内容也非常简单：跨越鸿沟后的企业会被它在跨越鸿沟之前所做出的承诺缚住手脚。这些承诺是企业为了在早期市场站稳脚跟而匆忙做出的，在跨越鸿沟之后的新形势下根本无法履行。也就是说，企业在跨越鸿沟之前所承诺的业绩指标或报酬水平，如果真的全部兑现，那结果只有一个：毁掉企业。所以，在跨越鸿沟之后，企业的首要任务就是解决它在跨越鸿沟前定下的协议所造成的前后矛盾。但是，这样一来就可能会牵扯出很多问题，比如企业资产大幅贬值，无法胜任工作的员工将被降职，决定产品和技术未来走向的权力也要做出重大调整。这些问题都很难妥善解决，可能会导致很多人感到痛苦和失望，甚至反目成仇，彼此怨恨。总之，这可能是一个相当难堪的时期。

解决这类问题的第一个办法，也是最好的办法，就是不要让这些问题出现——也就是说，要避免在跨越鸿沟之前做出错误的承诺。在早期市场阶段，我们就应该考虑周全，把目光放长远一些，预测我们应该怎样做才能在危机四伏的鸿沟时期转危为安，事先给自己打好预防针，避免做出自毁前程的决定。很多本来前途光明的高科技企业就是因为犯了这个错误而堕入失败的深渊。

我必须承认，这些事情看起来很容易，但是做起来很难。这让我想起了青少年时期，那时候经常有人对我说，我之所以会做一些非常糟糕的决定，是因为我"正在经历一个阶段"。我非常讨厌这种说法。首先，这种说法让我隐约觉得自己很无能，比不上对我说这些话的人。其次，就算我勉强觉得这个建议是正确的，但是对我来说这也是完全无用的信息。我可能确实正在经历一个阶段，但是，如果我处于这个阶段，就注定要犯一些愚蠢的错误，那么他们告诉我这些到底有什么用呢？我还是我啊，我怎么能停止做自己呢？

然而，高科技企业要摆脱鸿沟，恰恰就应该做到"停止做自己"——必须认识到自己正在经历一个阶段，而且还要主动出击，有所作为。

要摆脱鸿沟，企业必须蜕变，来一次脱胎换骨的自我革新。以前，我们要赞扬相亲相爱的同人之谊和个人的锐意进取，现在我们要鼓励和奖励理性、合理、能够带来稳定回报的团队协作。当然，这不是说要停止创新，或者牺牲创造力。但是，我们需要将创新和创造的力量转向解决实用主义者的需求，关注实用主义者的价值体系，而不是高瞻远瞩者。也不是说要放弃友情，实行一种专制的管理制度。在过渡时期，能够保持不变的东西并不多，管理风格就是其中之一。但是，面对拿下主流市场的种种挑战，帮助公司拿下早期市场领导地位的那些技巧、直觉和才能，现在未必能够发挥同样的作用，所以必须重新审视和评估。这样一来，公司所有成员的友情和自尊都将备受考验。

跨越鸿沟之后，高科技企业管理财务、组织和产品研发的原则及做法都与跨越鸿沟之前有很大不同。在新的管理模式下，公司必定需要做出改变，但这不是每个人都能够适应或者接受的。好消息是，当不适应或不接受，跳槽的机会总是很多的。也就是说，虽然个别高科技公司在过去 30 年里的业绩非常不稳定，但是整个高科技行业的收入和雇用水平都在急剧增长。在人事大洗牌的过程中，我们都需要牢牢记住这个事实。

具体来说，我们的目标是建立一套新的行为规范，而不是让员工改变行为风格。我们的任务是提供一个组织框架，帮助每一个员工找到自己最适合的位置，然后让员工自己采取正确的行动。有些转变可能是强制的，因为真的没有时间磨蹭。但即使如此，我们也希望帮助每一个人才找到更好的归宿。

接下来，让我们带着这个想法，谈一谈企业跨越鸿沟之前遗留下来的最重要、影响最大的财务决策问题吧。

财务决策：打破曲棍球杆曲线

跨越鸿沟之后，企业的目标非常简单，就是赚钱。实际上，这个观点比从表面上看到的还要激进。

首先，我们需要承认，在跨越鸿沟之前，赚钱并不是企业的目标。在建立早期市场的阶段，降低投资风险就是最重要的投资回报，具体做法是将技术、服务和创意转化为一个可复制、可拓展的产品，而且找到足够的客户用例，能够为产品创造市场需求。早期市场的收入是衡量这种需求的一个标准，但是收入往往不是（也不指望是）利润的来源。因此，在早期市场的公司不需要遵守盈利原则。

同时，跨越鸿沟之前的公司也不会拿盈利或者其他财务目标来激励自己。当然，在闲聊的时候，创业者肯定会时不时说到发财梦，但是，眼下他们还有更重要的奖赏——做自己的老板，自己决定公司的发展道路，有机会探索新技术的最前沿，甚至能够挑大梁担重任，走上职业生涯的巅峰，这是在发展成熟的企业很难见到的机会。这些才是早期市场企业的创业者虽然报酬微薄但仍然夜以继日地努力奋斗的真正原因——靠股权发财的梦想只是一个借口，可以给家人和朋友一个合理的说法，不然的话，这样不分昼夜地工作又不求回报显得太疯狂了。

所以，早期市场的创业者并不关注赚钱，更不会以赚钱为目标。明白这一事实非常重要，因为大多数管理学理论都假设企业以盈利为目的，以是否盈利来检验一个策略是否可取，只要对盈利没有帮助，无论多么诱人的策略，都必须拒之门外。如果盈利的动机不存在，那人们做财务决策时就不会预测有什么后果，或者说根本就不在乎后果。在现实中，这一点有很多种表现形式，其中最普遍的一种应该是预测收入增长的曲棍球杆曲线。

在财务上，创业者可能会遇到这样或那样的问题，但是不管怎么样，他们的思维都不会慢半拍。如果风险投资者是出资人，而你是利用曲棍球杆曲线预测收入来拿到其投资的，那么，风险投资者也一定会用同样的思路预测投资回报。于是，创业者就利用"曲棍球杆"收入增长曲线来获得融资。也就是说，在他们展示的商业计划中，在最初的一段时间内（这段时间当然是越长越好）收入没有任何增长；然后，曲线上出现一个明显的拐点，随后便迅速上扬，就像曲棍球杆一样。也就是说，自此之后，公司的收入就会出现连续、快速的增长，任何一个正常人看到这个现象都会称之为奇迹。这种收入曲线就像爱情十四行诗一样精确和传统，但它也像爱情一样，可能会让人陷入困境。

曲棍球杆曲线是用电子表格做出来的。很多人认为，电子表格这样的软件正是我们行业历史上很多糟糕投资决策的罪魁祸首。在表格中输入一个收入递增百分比，然后软件就可以自动生成曲线，这简直太容易了。从理论上说，这条收入曲线近似于公司利用发展中的市场机会赚钱的真实情况。因此，这条收入曲线是电子表格中的"主线"，其他所有曲线都必须依赖于这条主线。从理论上说，这就是一个具有盈利能力的企业应当采取的经营方式。

但事实上，这条所谓的"主线"是一个"奴隶"，受到两个"主人"的支配。在前端，它受到创业者的成本曲线支配；在后端，它受制于风险投资者的曲棍球杆曲线收入预期。在这种方式下，收入数字……呃，该是什么就是什么吧。这些收入数字确定下来之后，接下来的工作就是从各种市场分析报告中找一些合适的内容，并罗列一些可信或不可信的证据，以此证明收入增长曲线的合理性，但事实上这只不过是毫无根据的猜测罢了。

当然，如果当前的高科技市场开发模型没有缺陷，那么这种预测方式可能会奏效，或者至少奏效的时候多一些。但事实上，实际的收入增长曲线看起来更像一个阶梯，而不是曲棍球杆。也就是说，最初是一个收入快速增长的时期，这代表企业成功开发了早期市场；在接下来的一段时间内，企业的收入增长速度放慢，甚至出现停滞（即鸿沟时期）；随后又出现第二轮高速增长，这代表企业在主流市场开发过程中取得初步成功。这个阶梯可以无限延续下去，水平线代表企业正处于转战相邻细分市场的过渡时期，收入增长速度放慢；垂直线意味着收入快速增长，说明企业能够将在过渡时期付出的营销努力转化为资本收益。随着越来越多的细分市场开始接受企业的产品，这些水平线和垂直线的高低起伏将会逐渐相互抵消，直到出现一条相对比较平滑的曲线，而这正是华尔街的投资者最希望看到的。（事实上，只有极为成功的高科技企业才能达到这种状态。大多数高科技企业的收入曲线都会持续剧烈波动，甚至连金融界都觉得难以理解，结果就是高科技企业的股价也极不稳定，只要有一丁点风吹草动，股价就会大幅跳水。）

其实这也没什么不好。阶梯模型是完全可行的——除非你把自己的公司股份全部都押在曲棍球杆曲线上。不幸的是，大多数高科技公司的融资方案就是这么干的。公司无法实现曲棍球杆曲线那样的收入增长，股权融资也很快就到期了，创始人的股权只能被彻底稀释，事情就会一发不可收拾，公司最终葬身于鸿沟之中。这是一条不归路，我们在本书第 1 章的高科技寓言故事中就已经介绍过了。

现在，风险投资界早已意识到这个问题。一些愤世嫉俗的高科技从业者认为，风险投资者正盼着高科技公司跌入鸿沟呢——那些"秃鹫资本家"就是这样趁着创业者一时大意夺取公司控制权的。但事实上，大多数投资者都知道，这是一种双输的策略。他们很清楚鸿沟的存在，只不过他们用的词可能是"死亡之谷"，而不是"鸿沟"。只要看看自己的投资组合，他们就什么都知道了。

现在的问题是，既然我们有了鸿沟模型，那么我们可以采取什么不同的做法？这个问题可以分为两个部分：一是针对提供融资的风险投资者，二是针对承担管理责任的高科技公司管理层。对于风险投资者而言，问题的关键在于如何重新确定所投资企业的估值和预期投资回报；对于高科技公司管理层而言，问题的关键在于如何判断什么时候该把融资花出去，什么时候应该开始追求盈利。接下来，让我们仔细谈一谈这两个问题吧。

风险投资者的角色

一切投资都是赌局，赌的是特定时间内投资的企业相对于其他竞争对手的业绩表现。鸿沟模型让我们意识到，我们有必要重新思考赌局中的各种变量。在一开始的时候，投资者面对的最紧迫的问题是，这条鸿沟到底有多宽，或者用投资者的话来说，投资者需要等多长时间，才能从一个规模足够大的主流市场中得到合理、稳定的投资回报。

这个问题有一个简单的答案：创造和推出一个可持续的整体产品需要多长时间，投资者就需要等多长时间。鸿沟模型认为，在整体产品完全到位之前，主流市场不可能出现。由此可以得出一个合理的推论：只要整体产品完全到位——换言之，整体产品得到市场认可，市场就会迅速发展起来，而且一般情况下会围绕推动和领导整体产品开发的公司发展起来。

那么，我们可以预测这需要多长时间吗？我认为答案是肯定的。首先，我们要分析目标客户的特征和他们的迫切购买理由，然后仔细剖析构成整体产品的所有产品和服务。我们可以将这个过程简化为一系列便于管理的业绩因素，每一个因素都可以提前预测，交叉点也可以大致预估。这个方法虽然谈不上科学，但也不是什么魔法妖术。从本质上说，这也是另一种商业计划。

假设这个计划有一定的可信度，那接下来我们马上就得面对其他一连串问题。这个市场规模将会有多大？同样，我们也有一个简单的答案：整体产品所瞄准的目标市场的用例（及其迫切购买理由）能够激发出多大的市场，这个市场规模就有多大。换句话说，价值主张或者整体产品无法发挥作用的地方，就是市场的边界。相较之下，其他的市场开发因素（盟友、竞争对手、定位、分销和定价）并不影响市场规模，只会影响市场渗透率。在自由市场经济的激励下，如果市场真正存在，这些问题迟早可以得到有效解答。

如果我们以上所有的假设和论断都是正确的（当然，每一个具体案例我们都需要做进一步调查）那么，我们就可以说，影响投资决策的所有关键因素都已经一目了然，我们可以根据这些因素来做投资决定，不必占卜问道了。市场规模、市场渗透速度、取得市场领导地位的成本、市场占有率等数据也可以坦诚相告，不必再遮遮掩掩。当然，对于成功概率和风险高低，仍然会有很多争议，但是这些不是原则性问题，只要大家的信念保持一致，一切都可以讨论。

因此，风险投资者需要做的是：让客户公司把跨越鸿沟战略纳入商业计划中；不但要描述宽泛、长期的市场特征，而且还要分析D-Day战略瞄准的具体目标客户；要求客户公司完善价值主张，使之真正令人信服，然后用价值主张检验目标客户；给客户公司施加压力，让它们明确整体产品的构成，然后帮助它们寻找合适的合作伙伴和盟友，建立良好的合作关系；利用整体产品的打造成果来检验关于市场规模的推测是否正确。在寻找竞争对手和定位方面，要注意不要把自己这条小鱼过早地推向大池塘。在分销和定价方面，在成功跨越鸿沟之前，不要追求所谓"标准利润率"。总之，要充分利用跨越鸿沟的全部指导思想，确保自己的金融资产得到有效管理。

企业管理层的角色

现在，我们来谈谈创业者最关心的问题：我应该靠风险投资活多久？我应该从什么时候开始追求现金流收支平衡？这两个问题的决策思路如下：在实现现金流收支平衡之前，什么都靠不住，你的命运并不掌握在自己手中。因此，你应该尽早选择一条追求盈利的道路。事实上，在一个发展缓慢、资本要求不高的市场，从第一天就开始追求盈利也是非常有道理的。早期市场的高瞻远瞩者客户会支付咨询费和预付特许权使用费，能够为资本不多的创业公司提供资金。从会计记账的角度来说，这些预付的特许权使用费不能马上作为收入入账，但是这笔资金可以让公司从第一天就开始实现正向现金流，所以公司 100% 的股权都能保存下来，以备日后使用。

在公司创立伊始就坚持盈利原则有一大好处，那就是你不用等到以后再从惨痛的教训中学习盈利的重要性。很多时候，如果企业长期依靠风险投资生存，即使管理者经验非常丰富，企业也会有一种"福利国家心态"，企业上下都失去了紧迫感，人人都指望靠下一轮融资来给他们发工资，而不是从市场上获得利润。

另外，只要坚持盈利原则，你就得跟人说"不"，而且尽量早点说、经常说，因为大多数项目都是得不到融资的。你的资金就那么多，不可能支持所有的项目，正是因为资源有限，所以公司只能高度专注于重点项目。高度专注可以大幅度缩短产品推向市场的时间，因为公司所有人都专心致志，不会因为其他的事情分散注意力，而且他们也十分清楚，只有把产品推向市场，从市场上赚到钱，他们才能有收入。最后，当公司真的要从外部融资的时候，提高公司估值的最好依据莫过于向投资者证明，不仅公司的产品存在真实的市场需求，而且公司还具有满足这种市场需求并且获得盈利的能力。

　　确实，企业有足够的理由从一开始就以盈利为目标。既然如此，那为什么有些公司没有选择这条路呢？从根本上说，原因有两个。首先，品类开发和开辟市场的代价太高，光靠人力资产或者咨询合同收入是无法支撑的，任何一家制造型企业都做不到。但是，现在很多公司都选择将制造业务外包，比如思科出售的产品有45%是外包给其他厂商代工的。无晶圆厂半导体公司的所有产品都是由代工厂生产的，甚至还出现了像 Rambus 这样的无芯片半导体公司，只依靠设计和出售存储器接口架构的专利赚钱。像这样的高科技公司更重视的是招兵买马组建团队解决工程设计问题，而不是建立生产线或增加库存。不过，实物商品的商业模式总会产生实际的成本，而且这些成本肯定会超过现收现付的预算。因此，很多风险资本会为这一类企业提供融资。

　　其次，你推出了一个主打产品，而这个产品类别即将迎来爆炸式增长，如果要跟上市场的发展步伐，你必须加大投资开疆拓土，但是一个公司光靠自己的财力是无法做到的。互联网的飞速发展导致出现一种前所未有的"圈地思路"，每个人都在抢占市场份额，都在想方设法击败竞争对手。谷歌是搜索领域的龙头老大，亚马逊在网络零售以及最近在网络服务领域遥遥领先，Facebook 在社交网络领域独步天下，在股票市场上，这几家巨头的市值飙升，竞争对手望尘莫及，似乎永远也追不上了。这种竞争比的就是速度，谁的速度更快，谁就拿第一，而且第二名与第一名相比往往是天壤之别。所以，早花钱、花大钱被视为打败对手的关键。

除此以外，还有一个更普遍的原则，可以帮助创业者更有效地管理资本，以达到营销的目的。在高科技行业，跨越鸿沟所需要的资本通常比开辟早期市场更多。而且，在早期市场大量注资通常很难发挥什么作用，我们有很多例子证明这一点。比如 20 世纪 80 年代 IBM 公司推出的家用电脑 PC Jr. 和 Prodigy 公司推出的网络服务包，90 年代出现的家用笔型计算机和家庭视频（VTTH）服务，还有在过去十年里问世的射频识别（RFID）库存管理芯片和用于电力配送的智能电网。说到底，技术狂热者和高瞻远瞩者都有自己的理想和追求，光靠砸钱是无法打动他们的。

但可以肯定的是，最低限度的资本还是要有的。你必须有钱出差到客户公司直接推销产品。拜访客户是正式场合，所以你要配置一些符合商务礼仪的着装。或许你还应该有一间办公室、一部电话，再雇用一个专业的客服接听电话。除此之外，公共关系也是需要花钱发展的——产品发布会往往是在早期市场取得成功的关键，但是你不需要花钱打广告，也不用耗费资源寻找合作伙伴或者发展渠道关系。这几项工作都是你靠自己在早期市场赢得一定信誉之后的事情。在那之前，一切都还为时过早。

一旦你在早期市场确立了领导地位，那情况就完全不一样了。此时，你要寻找合作伙伴和盟友，让他们跟你一起打造整体产品——整体产品开发工作需要投入大量的资金，渠道开发也是如此。与此同时，不管是推式营销还是拉式营销，创造需求和提供销售激励都是需要花钱的。另外，在这个时期，你要制订一个有效的营销传播方案，例如媒体关系、市场关系和广告宣传等，这也是非常重要的。

总而言之，在这个时候——而不是之前，你应该把市场开发预算花出去。因此，一定要等到确立早期市场领导地位之后，你才能启动整体产品开发进程，而且你也不能在鸿沟时期就把所有资金消耗殆尽。在制订商业计划的时候，只要考虑到这两个因素，你就可以避免很多麻烦。

组织决策：从开拓者文化到定居者文化

上一节讨论了财务问题，现在我们来看看人事问题。我们必须认识到，由于鸿沟的存在，不仅购买产品的客户可以分为高瞻远瞩者和实用主义者，而且打造和销售产品的企业员工也可以分为高瞻远瞩者和实用主义者。要跨越鸿沟，并且摆脱鸿沟，以后也不再跌入其中，企业必须做到彻底转型，这个"鸿沟"——从开拓者转变成定居者，是很少人能够跨越的。

在创业公司里，开拓者是突破技术应用边界的人。他们不因循守旧，也不喜欢建立基础设施的工作，甚至不喜欢记录自己的发明创造。他们只想干一番大事业，当大事已成，自己失去用武之地的时候，他们就会选择离开，去开辟新的天地。他们的聪明才智推动了早期市场的发展，如果没有他们，这个世界可能根本不会有所谓的高科技。

然而，一旦你跨越了鸿沟，开拓者就可能会成为你潜在的负担。毕竟，他们的根本兴趣在于创新，而不是管理。在高科技行业，开拓者技术专家不喜欢谈什么行业标准、通用接口、产品适配器，他们对这些东西一点都不关心，要是这些东西在技术上已经明显落后，那他们就更加感到反感。所以，当市场基础设施开始逐渐完善，所有角落已经被探索和占领时，他们已经开始寻找人迹罕至的区域了。而且，在定居者的世界，达成合作是需要妥协的，但是开拓者不可能妥协。对于希望所有员工通力合作的公司来说，开拓者这种不妥协的态度可能会造成极大的干扰和破坏。因此，当企业从以产品为中心的早期市场转移到以市场为中心的主流市场时，开拓者技术专家必须调整岗位——可以加入企业内部另一个技术更超前的项目，要是实在不行的话，也可以加盟其他企业，以便更好地发挥他们的聪明才智。

与此同时，高科技公司的销售团队也在经历一个相似的过程。

此时冲在最前线的是开拓者销售人员。这些人有着非凡的天赋，善于把产品推销给高瞻远瞩者。他们对尖端的技术和产品都有相当程度的了解，能够轻而易举地做到根据每一个高瞻远瞩者的梦想调整推销产品的策略。他们和高瞻远瞩者有共同的语言，交流起来毫不费力，能够理解高瞻远瞩者所希望看到的量级飞跃，也能够根据高瞻远瞩者的这种想法对产品进行包装。他们可以把高瞻远瞩者的理想转化为具体的产品性能，为高瞻远瞩者量身定制产品演示，尽可能地满足高瞻远瞩者无止境的需求。他们心中拥有远大的目标，也能够为公司争取到庞大的产品订单。他们就是早期市场的宠儿，如果没有他们，公司根本不可能在早期市场取得领导地位。

但是，一旦你跨越了鸿沟，这些人也会成为一种负担。事实上，他们就是拖累公司再次跌入鸿沟的罪魁祸首，因为他们无法停止向高瞻远瞩者销售产品，而这种销售能够成功必须有一个前提：针对每一个客户量身定制整体产品。这样的订单只能通过拆东墙补西墙的方式来执行——东墙是面向主流市场的研发活动，西墙是实现高瞻远瞩者的购买目标所必需的定制研发。但是，摆脱鸿沟的关键就是停止提供定制研发产品，全力以赴推出整体产品，建立一套整个市场（或者至少其中一个细分市场）能够支持的统一标准。面向主流市场的研发任务必然会给研发部门带来巨大的压力，因此，决不能让研发部门因为另外一个疯狂的冒险项目而分散精力。所以，如果公司希望摆脱鸿沟，但是又不对开拓者销售人员加以约束，这将会对销售部门造成极大的破坏，对士气也会带来很大的打击。

开拓者技术专家和开拓者销售人员对于公司拿下早期市场厥功至伟，但是当公司跨越鸿沟之后，他们却又可能成为公司的负担。他们必须被淘汰，但是谁有能力淘汰他们呢？他们拥有非凡的能力和丰富的经验，谁能够取代他们呢？他们留下的艰巨任务，谁能够接手呢？他们为公司做出了巨大贡献，现在就这样淘汰他们，是不是有些不道德，或者不公平呢？

据我所知，所有高科技企业最终都需要面对这些艰难的抉择。而你如何应对，不仅会影响那些离开的人，而且也会影响那些留下来的人。这样一个关键的时刻，你千万不能出现任何失误。

我们先来解决道德问题。首先，我们要说明：所谓不道德，指的是将员工弃之不顾，打乱他们的生活，威胁他们的生计——很多企业甚至有些政府会这样做，而且还做得肆无忌惮。明确这一点之后，接下来要做的就是要有先见之明，认识到未来可能出现的情况，然后达成协议，做好方案，做好准备。开拓者永远都不想安定下来，安定下来既不符合他们本身的利益，也不符合他们雇主的利益。如果从一开始所有人就都能承认这个事实，并认识到开拓者的真正目标，或者他们取得成功的最终表现，就是创造主流市场，并且在达成目标之后便功成身退，那么我们在跨越鸿沟之后实行人事变动就有了一个合理的基础。至于我们具体要怎么做，制订什么样的补偿方案，在讨论这些问题之前，我们先要想办法从开拓者文化过渡到定居者文化，找到接替开拓者的定居者。

当然，我们还要明白一个事实：定居者并不会取代开拓者的职位。定居者担任的是其他职位，是开拓者从未做过而且也不愿意做的工作。但是，定居者的确会占用聘用名额，而且会成为公司员工的主流。他们会进入公司管理层，掌握公司的决策权力，最终会掌控公司的预算。他们还会修建围栏，制定规章制度（或者称为"程序"），就像旧时美国西部的定居者一样，千方百计抢夺开拓者开辟的土地和资源，甚至不惜与开拓者开战。但是，定居者在公司站稳脚跟，对于主流市场来说是一个好兆头，因为主流市场的实用主义客户非常厌恶惊喜，他们喜欢安分可靠、四平八稳的定居者，不喜欢天马行空的开拓者。那么，怎样才能平稳地从开拓者文化过渡到定居者文化呢？

两个新职位：目标细分市场经理

在跨越鸿沟之初，我们就要增加两个新职位，这是至关重要的一步，从开拓者文化到定居者文化的过渡期就由此开始。第一个新职位可以称为"目标细分市场经理"，第二个新职位则称为"整体产品经理"。两者都属于临时性、过渡性的职位，可以理解为垫脚石，最后都会转为更传统的工作职位。具体而言，目标细分市场经理最终会转为行业营销经理，而整体产品经理将转为产品营销经理。行业营销经理和产品营销经理才是他们的"真正职位"，也是他们应聘的职位，最适合印在名片上。但是在鸿沟过渡期间，他们需要承担一些独特的、一次性的责任，在这个阶段，我们会用"临时"头衔来描述他们的职责。

在短暂的任职期限里，目标细分市场经理的工作目标只有一个：将高瞻远瞩者客户关系转化为一个滩头阵地，帮助公司闯入该客户所在行业的主流垂直市场。如果客户是花旗银行，这个主流垂直市场就是银行业；如果客户是医疗保险公司 Aetna，这个主流垂直市场就是保险业；如果客户是杜邦（DuPont），这个主流垂直市场就是化学行业；如果客户是英特尔，这个主流垂直市场就是半导体行业。具体过程如下：

公司执行早期市场销售计划，成功签下一个大客户，你可以指定目标细分市场经理作为这个大客户的专属客户经理，允许他与客户建立广泛的联系，以便他充分熟悉客户公司的经营情况与业务。

他必须参加各种贸易展览，阅读客户所在行业的有关书籍和杂志，熟悉自己公司的软件系统，还要结识业内人士——首先是结识客户公司的有关人员，然后逐步扩展到其他相关企业的人员。

与此同时，他必须接手高瞻远瞩者的项目监管工作，确保这些项目能够分阶段实施，为每个阶段制定可实现的目标，监督初始阶段的项目介绍和推广工作，及时从终端用户那里获得反馈和支持，与公司内部员工合作，共同开发产品的本地化应用，增加阶段性交付成果的价值和影响力。

同时，他还要与整体产品经理合作，明确高瞻远瞩者的项目中哪些产品适合作为整体产品的组成部分，哪些产品不适合。这样就可以把专门针对具体客户的产品改进内容排除在外，免除整体产品开发团队维护这部分内容的负担。

在短期内，目标细分市场经理不太可能为公司创造额外的收入，因为客户公司的高瞻远瞩者认为，他们早已为自己可能需要的任何产品改进支付了相应的费用。尽管如此，目标细分市场经理应该完成以下几个任务：

- 加速软件系统的初次安装工作。这项工作不仅会改善公司的盈利状况（因为可以促进客户购买其他产品），而且有利于在目标细分市场形成一个参照群体。大部分企业在这个方面做得很糟糕，以至于在很多年之后，它们一开始就签下来的"大牌"客户无法成为购买参照，对主流市场客户的购买决策毫无影响。关键是要记住，实用主义者没有兴趣了解你把产品卖给了哪些企业，他们只想知道，哪一家企业有一个功能完整并且运行良好的系统。

- 在初次安装期间，目标细分市场经理要把他的接替者介绍给客户认识，也就是真正的客户经理，一个"定居者"，会一直为客户服务很多年。要注意，此时开拓者销售人员仍然还在公司任职，他们仍然与高瞻远瞩者这个客户群体保持联系，但是与客户之间的日常工作完全由其他人负责。通常情况下，开拓者销售人员对此并没有什么意见，因为他们知道，客户管理需要处理很多烦琐的细节工作，而这恰恰是他们不喜欢的事情。

- 利用正在进行的项目，开发出一种或者更多整体产品的扩展产品，完美地解决行业内普遍存在的问题。其意图是将这些扩展产品增加到公司的产品线，或者作为一种尚未得到支持的产品扩展，在某些用户群体中非正式销售。不管采用哪一种做法，这种附加产品都能够提升产品在目标细分市场中的价值，同时也能创造壁垒，阻止其他厂商进入细分市场。

两个新职位：整体产品经理

目标细分市场经理要在客户公司完成上述任务，与此同时，在公司内部也有人扮演相应的角色。在公司里，产品经理需要转变为产品营销经理，在两者之间需要有一个短暂的过渡职位：整体产品经理。这几个职位看起来非常相似，甚至会让人感到困惑，所以我们首先花点时间梳理一下这三种截然不同的职位。

产品经理通常是产品开发部门的成员，其职责是确保产品能够顺利开发、检测，能够按时交付，而且要符合预算和规格要求。产品经理专注于公司的内部事务，他是衔接市场开发部门和产品开发部门的桥梁，需要具备出色的技术能力和丰富的项目管理经验才能胜任。有些公司偶尔也会把产品经理安排到市场营销部门，希望产品的开发工作能够更加以市场为导向，但是这个策略往往会遭到市场营销部门的抗拒，类似于器官移植的排斥反应——虽然不至于那么严重，因此很少能够成功。

产品营销经理从来都隶属于市场营销部门，与产品开发部门没有任何联系。产品营销经理的工作职责就是寻找合适的分销渠道，将产品推向目标市场。因此，产品营销经理的工作内容非常广泛，从一开始的确定目标客户，到最后制定产品的定价策略，跨越鸿沟的每一个步骤，都会留下产品营销经理的踪迹。产品营销经理是一份面向公司外部的工作。

有些公司不区分产品经理和产品营销经理，把两者合并为一个职位，但这两个职位是应该分开的。这两份工作的职责完全不同，把两者合二为一，结果往往是顾此失彼，总会有一份工作无法完成。而且，很少有人能同时擅长这两份工作，所以应该安排不同的人来完成。

接下来是整体产品经理。简而言之，整体产品经理就是一个准产品营销经理。我们暂时不能将整体产品经理称为产品营销经理，因为现在还不是做产品营销的时候，时机还不成熟。在成功跨越鸿沟之前，企业无法建立起任何有意义的市场关系，也无法对市场形成清晰的认识。缺乏这两个条件，产品在未来应该如何开发也就无从谈起。目标细分市场经理已经把这些工作启动起来了，但是任务尚未完成。不仅如此，现在还有一大堆故障报告和产品改进要求，而且数量每天都在增加，甚至到了令人感到不安的地步。如果不能处理好故障报告和产品改进问题，那产品开发部门就会溃不成军，一败涂地。

有一个办法，既能够处理好故障报告和产品改进问题，又可以推动产品开发部门从开拓者文化向定居者文化过渡。这个办法就是把产品经理手中的故障报告和产品改进清单全部交给整体产品经理。在这个时候，担任产品经理职务的人必定是一个开拓者，要不然的话，公司也不可能发展到今天这种规模。

问题是，如果这位开拓者产品经理继续主导产品的开发工作，那他的工作重心首先是履行对早期市场客户所做的承诺。但这些承诺通常不符合主流市场客户的最佳利益。诚然，公司最终必须履行这些承诺（除非能够通过谈判说服早期市场客户放弃这些承诺），但是无论怎样，这些承诺都不应该是公司优先考虑的问题。产品开发工作正在进行中，此时最应该优先考虑的是如何才能让主流市场的实用主义客户满意，换言之，公司要全力以赴打造整体产品，因此，决策权力需要转移到整体产品经理手中。

决策权力转移之后，公司就迈出了关键的一步，开始从产品主导型企业转变为市场主导型企业。主流市场逐步成型之后，通过市场调研和客户访谈就可以清楚地了解主流市场的需求。到了这个时候，整体产品经理就可以顺理成章地转变为一直以来写在名片上的职务——产品营销经理。这是市场开发周期的一个关键时刻，如果时机不对，过早地转变身份，那是愚蠢的做法。在早期市场中，公司的发展是以产品驱动的，因此，产品经理拥有相当大的决策权力。现在，产品经理手中的决策权力必须收回来，交给整体产品经理。如果现在不收回来，那也同样是愚蠢的做法。产品故障报告和改进清单在开拓者产品经理手中多停留一天，公司就有可能向早期市场客户做出更多的产品开发承诺，这对公司的长远发展毫无益处。

综上所述，在跨越鸿沟之初，公司大部分人员是开拓者，决策权力主要集中在几个一流的销售人员和产品经理手中。进入主流市场之后，公司应该将决策权力收回，采取权力分散原则，把决策权力分给大客户经理、行业营销经理和产品营销经理。久而久之，这种权力逐步分散的状况会让对公司有功的开拓者感到沮丧，不仅会打击他们的工作积极性，而且会影响他们做出快速决策和反应的能力。最终，他们会产生离开公司的念头。

解决薪酬问题

现在，问题又回到本书一开始所谈到的高科技创业致富梦——致富之后，财富怎么分配呢？很多高科技公司内部怨声载道，甚至有些创始人反目成仇，根本原因就在于薪酬问题。在制订薪酬方案的时候，大部分高科技公司都没有认识到，开拓者和定居者对公司的贡献不一样，而且他们在公司的任职时间也不同，所以最终制订的薪酬方案必然会对其中一方不公平。如果薪酬方案做不到公平，该奖励的工作得不到奖励，不该奖励的工作却得到了奖励，长此以往，公司怎么可能不败？

设计薪酬方案是一项极其复杂的工作，既超出了本书讨论的范围，也不是作者擅长的领域。所以我只能简单地介绍几个比较重要的基本原则。

我们从销售人员开始。一般而言，一份开拓者销售人员拿下的订单，通常是根据成功实施的试验项目制定的一份宽泛的购买协议。即使客户支付了大笔预付款，在最终完成交易并且得到确认之前，也先不确认全部订单收入，这才是这笔生意的合理记账方式。完成交易并得到确认，那可能是至少一年以后的事情了，在这段时间里，公司会增加几个为客户服务的职位，例如目标细分市场经理。到这个时候，拿下订单的开拓者销售人员说不定已经离开了公司。假设一位客户经理刚刚入职就马上接手这个客户的管理工作，然后这个客户突然决定大量增加订单。那么，怎么奖励这位新入职的客户经理才比较合适呢？

关键是把客户渗透（account penetration）和客户拓展（account development）区分开来。跟客户渗透相比，客户拓展工作的可预测性更高，属于不那么引人注目但持久的成就。此时，公司应当根据客户关系的持续时间、客户的满意度以及收益的可预测性来制订奖励计划。而且，奖励应该分阶段发放，而不是一次性大额发放。对公司来说，持续的客户关系属于具有很高价值的无形资产，因此，大部分奖励的发放要基于是否有助于公司达成战略目标，并且制定合理的计算方式来确定奖励多寡，而不是光看创造了多少收入。如果公司层面的长期薪酬方案包括股权奖励，那么，奖励客户经理股权也是合理的，但是必须慎之又慎，发放速度要尽量放慢，而且要把大部分股权奖励留到薪酬方案的最后阶段发放，鼓励长期任职，以确保服务的稳定性。但总的来说，客户拓展并不是一项高风险的工作，因此也不应该是一个高回报的工作。

相比之下，开拓者销售人员完成的是客户渗透工作，客户渗透奖励的发放方式应该与客户拓展的完全相反。公司应该马上就给开拓者销售人员发放大部分奖励，以表彰他们完成了一个最关键的任务——赢得客户。赢得客户是一项非同寻常的工作，是很少有人能够成功的，而且这项工作的成败对于公司未来的长期发展至关重要。同时，这是一项风险非常高的工作，开拓者销售人员铩羽而归的概率极大。因此，这项工作的报酬理应比其他工作更加优厚。另外，如果开拓者销售人员不考虑公司的实际情况，向客户承诺公司无法交付的产品和服务，甚至夸下海口，许下任何公司都无法履行的承诺，利用空头支票拿下订单，那我们肯定不能奖励这种行为。所以，尽管我们希望在开拓者销售人员拿下订单的时候就给他们发放奖励，但是必须以订单的后续落实情况为准绳，如果经不起事实考验，那奖励就不应该发放。

开拓者销售人员并不会长期任职，他们会跳槽离开，所以我们不必给他们增加其他奖励了。因此，给开拓者销售人员股权奖励并不合适。综上所述，由于现实情况需要，企业应该实行一种以奖金为主的奖励方案，而不是直接支付提成。但站在开拓者销售人员的角度，拿提成更加有利可图，签一个客户拿一份提成，既简单又便捷，也不用等公司财务确认最终订单收入。如果是奖金制，开拓者销售人员要等待较长时间才能拿到报酬，甚至可能等到开拓者销售人员在公司不再受欢迎的时候；如果是提成制，那公司就得在根本无力承担的时候向开拓者销售人员支付一大笔现金奖励。

奖励产品开发者

至于给产品开发者的奖励，我们只需要解答一个问题：开拓者技术专家怎么奖励？产品开发者可以分为两个群体：公司创始人和创始技术专家。为了公司股权，创始人是赌上了身家性命的，所以这没什么好讨论的，我只希望他们在阅读本书之后，能够留下一部分股权作为公司跨越鸿沟的融资资本。如何奖励创始技术专家才是真正的难题。

创始技术专家认为，公司创造的核心产品其实大部分都是他们的功劳，而且还准确地列出自己贡献的是产品的哪个部分。因此，如果公司的产品成为主流市场的热门产品，那他们就功不可没，理应享有大部分的收益。但事实上，他们并没有得到大部分的收益，而且坦白说，他们也不应该得到。我们在前文已经详细论述过，主流市场的成功是整体产品的功劳，与核心产品没有太大的关系，而整体产品的研发是一个庞大的团队共同努力的成果。

开拓者技术专家有权得到的报酬应该是公司在早期市场创造的大部分收入，因为的确是核心产品帮助公司在早期市场取得了成功。问题是在早期市场阶段，公司的现金流通常非常紧张，因此根本没有资金能够用来奖励开拓者技术专家。所以，公司只能选择拿股权来奖励。其实这是一种折中的做法，因为公司的股权应该留给帮助公司跨越鸿沟并且继续留任的人——这不是开拓者最理想的选择，但是比起离开公司的开拓者技术专家，留下来的开拓者技术专家还是更多一些。

总之，不合适的薪酬方案不但会浪费金钱，而且还会打击员工的积极性。对于高科技企业来说，制订合适的薪酬方案必须考虑以下因素：早期市场最佳业绩与主流市场最佳业绩存在巨大差异；帮助公司在两个市场开发阶段实现最佳业绩的不一定是同一批员工；有些员工很可能在公司取得显著盈利之前就已经离开了公司。如果我们能够厘清这些问题，设计出合适的奖励发放计划，那我们就可以免除跨越鸿沟时的大部分痛苦和磨难。但是，如果我们不做出改变，仍然按照以前的薪酬方案行事，那公司内部的矛盾和冲突就会越积越多，愈演愈烈，而我们还不明所以，不知道员工的生产力为什么无法提升。

研发决策：从产品到整体产品

在本书的开篇，我们就把跨越鸿沟作为高科技营销的首要目标。在本书的中间部分，我们确定了成功跨越鸿沟的基本战略：打造和推出整体产品。因此，在本书的结尾，我们应该探讨一下整体产品营销对公司长期研发工作的影响。

　　研发是高科技行业的核心，其他一切都是次要的。作为一个行业，我们的发展动力首先应该是技术，然后才是其他因素。最终我们将学会如何开发产品，创造市场，并且打造强大的公司征服市场，但是这一切都要从技术开始。电影《梦幻之地》（*Field of Dreams*）中有一句台词："你建好了，他就会来。"在高科技行业，我们应该说："你打造出产品，客户就会来。"这就是我们心中真正的梦想，是推动其他一切进步的动力。

　　问题是，我们在不断发展，到现在我们已经超越了这个梦想。我们创造的产品、公司和市场都已经发展起来了，而且发展势头很猛，因此它们理所当然会不断向我们提出更高的要求。我们别无选择，只能全力以赴为它们服务。在这种发展势头之下，研发部就不能再将注意力放在开发一般产品上，研发部要转变成整体产品研发部。

　　整体产品应该如何研发，不是由实验室决定的，市场才是整体产品研发的主导力量。所以，整体产品研发应该从创造性的市场细分开始，而不是创新性的技术。整体产品研发要参透的是人类的习惯和行为，而不是质子或反应过程。整体产品研发并不像电影《星际迷航》的"进取号"星舰舰长所说的那样"去探索人类未至之境"，而是像诗人艾略特所说的那样，我们一切探索的终点都是"回到我们出发的地方，然后才真正认识了出发之地"。整体产品研发往往从现有技术和产品中选取精华来组装新产品，而不是从零开始发明新产品。整体产品研发崇拜的偶像不是爱因斯坦——他依靠自己一个人的智慧创造出整个宇宙，而是乔治·华盛顿·卡佛（George Washington Carver）——他专注于研究花生的用途，找到了三百多种不同的用途。

　　整体产品研发听起来真的不那么令人振奋，难怪总是被人忽略。确实，高科技行业不用"整体产品研发"这样的说法，他们喜欢用的词是"维护"。而且，高科技公司指派负责"维护"的员工……呃，属于保洁那一类吧。没有一个能力出色的人愿意跟"维护"工作搭上边。

　　相反，最出色的员工都热衷于创造颠覆性创新产品，这导致太多新技术产品涌入市场，远远超过市场的吸收能力，这时他们又抱怨产品生命周期越来越短。换句话说，他们采取的策略跟跨越鸿沟之前几乎完全一样，不停地重复早期市场的做法，永远在早期市场里打转，从来没有跨越鸿沟到达主流市场。产品生命周期的确变得越来越短，但是整体产品的生命周期仍然跟以前一样，没有任何改变。不信的话，你可以看看 Adobe 公司的图片编辑软件 Photoshop，或者苹果公司的笔记本电脑 Mac。

一门新兴学科

　　整体产品研发是一门正在逐渐兴起的学科。这是一门高科技营销与消费者营销的交叉学科，利用消费者营销的各种工具解决高科技营销的问题，这在营销学历史上还是首次。我们来看看两个例子：焦点小组和包装研究。

随着高科技创新的连续性特征越来越明显，焦点小组成了高科技营销的一个有效手段，尽管在早期市场的开发过程中几乎毫无作用。焦点小组之所以变得非常有效，是因为产品的基本价值主张已经进入主流市场，而且已经广为人知。但在那之前，一个高科技产品有哪些用途，能够带来哪些价值，消费者总是百思不得其解。只要产品的价值主张已经在主流市场得到广泛传播，焦点小组这个工具就能发挥很好的作用。具体地说，焦点小组的调查结果可以用于指导现有产品线的扩展和改进，以满足目标细分市场的特殊需求。也就是说，通过焦点小组访谈，消费者所做的事情就是为一个现有的产品实体解决一些较小的衍生功能问题，而这正是消费者的专长。因此，他们提供的反馈信息是非常有价值的。

接下来我们看另一个例子：包装研究。消费者营销领域的包装研究远远比高科技领域的先进。在高科技行业，我们所理解的包装研究只不过是包装盒的颜色、图标和封盖问题。但实际上，包装不仅仅是外包装，内包装也同样重要。成功的包装，就是要确保客户从一开箱就能得到最好的体验——这是高科技行业需要投入更多资源加以研究的领域。今天，因为我们的产品包装方式莫名其妙，令人困惑，所以不得不耗费大量资金提供支持性服务，如果我们把产品包装做得更好，这些资金就可以用来做其他更好的投资。

在其他行业，焦点小组和包装研究一般属于营销部门的工作范围。但在高科技行业，营销部门对技术知之甚少，难以独自担当大任。普通消费者眼中的一点简单的产品改进，可能是以一种颠覆传统的方式突破关键技术边界的结果。或者反过来，普通消费者觉得不可能实现的产品改进，只是一次简单技术调整的副产品。无论是哪一种情况，工程技术部门都必须直接参与其中，否则都是白费力气。这不是单纯的市场调研，也不是单纯的产品研发，而是整体产品研发。也就是说，以往相互独立、互不干涉的部门必须通力合作，才能完成整体产品研发任务。

放下本书，走向未来

在本章的最后，让我们回顾一下本书的主要内容吧。首先，我们指出了当前的高科技营销模型的一个根本缺陷——该模型认为，高科技公司在早期市场取得成功后，马上就可以在主流市场实现快速增长。通过分析高瞻远瞩者和实用主义者这两个客户群体的特征，我们可以看到，在早期市场取得成功之后，高科技公司接下来更可能遇到一个几乎没有增长的鸿沟时期。鸿沟时期确实是一个危机四伏的时期，高科技公司要继续生存下去，就必须想方设法尽快跨越鸿沟。

明确迅速跨越鸿沟这个目标之后，接下来我们要着手制定实现这个目标的战略和战术。我们的基本战略原则是牢牢盯住主流市场中的一个非常具体的细分市场，发动一场类似于诺曼底登陆战的进攻，具体实施这次进攻的战术分为四个步骤。

　　首先，我们要瞄准攻击点，也就是说，我们要确定谁是目标客户，并明确他们迫切要购买产品的理由。然后我们要集结攻击力量，围绕整体产品以及与我们共同打造整体产品的合作伙伴和盟友，组建一支强大的进攻部队。接下来就是定义战场，创造一个合理的竞争格局，找到合适的定位，使我们的产品更加易于购买。一切准备就绪之后，我们要发动进攻，选择合适的分销渠道，制定正确的定价策略，激励渠道商更加用心推销我们的产品。

　　在本书的最后一章，我们从跨越鸿沟的战术中回过头来，仔细审视企业在跨越鸿沟之前对早期市场客户所做的重要承诺，防止这些承诺成为企业跨越鸿沟之后继续征战主流市场的负累。现在，我要讲述的高科技营销之旅就走到了终点，在此，我衷心希望本书能成为你们走向未来的新起点。

附录 A　高科技市场开发模型

　　《跨越鸿沟》第 1 版于 1990 年出版，五年后，《跨越鸿沟》的续作《龙卷风暴》问世。《龙卷风暴》详细介绍了高科技市场开发的全过程，从一开始开辟早期市场，到跨越危机四伏的鸿沟，然后穿越保龄球道挺进龙卷风暴，最终闯入利润丰厚的主街。本附录将简要介绍《龙卷风暴》的主要内容，为读者提供一个更加宏观的视角来理解跨越鸿沟。

　　高科技市场开发模型提出，一个产品从诞生到完全得到市场认同，总共经历五个技术采用阶段。各个阶段的市场开发过程如下

（见图 A-1）。

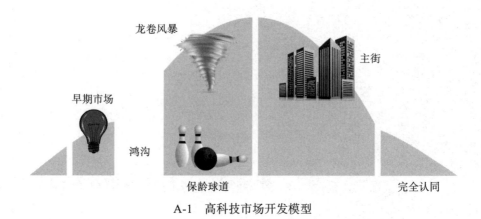

A-1　高科技市场开发模型

早期市场。早期市场的客户由技术狂热者和高瞻远瞩者构成，他们都渴望快人一步，比对手更快抓住商机，或者更早解决迫在眉睫的问题。在这个时候，整体产品还不见踪影，所以，早期市场的销售是根据客户公司的具体项目来规划的，产品的供应商必须不惜一切代价满足高瞻远瞩者客户针对具体使用场景的要求。产品的合作方通常是大型系统供应商或者系统集成商，这些企业与客户公司已经存在合作关系，为了维系双方的良好关系，它们愿意合作，为客户公司的项目投入时间和精力。项目采用的销售模式是直接销售，销售工作主要由颠覆性创新产品供应商负责，因为只有颠覆性创新产品符合高瞻远瞩者的愿景和想象。这些交易往往对价格不敏感，因为高瞻远瞩者预计这笔投资能够带来数量级的回报，所以愿意花大价钱，希望以最快的速度拿到最高质量的产品，以便尽快实现自己的愿景。在这个时候，市场上还不存在竞争，产品遇到的阻力主要来自市场维持现状的惯性，实用主义者和保守主义者也不愿意购买，他们认为，只有疯子才会这么早就把赌注押在颠覆性创新产品上。但是，搅局者和高瞻远瞩者深信，在这个时候押宝绝对是正确的，因为颠覆性创新产品可以让他们在一些关键指标上获得十倍的领先优势，届时他们就可以彻底改变行业格局。

鸿沟。这个不用多说了吧，就像英国乐队 Simply Red 的一首歌所唱的那样，"如果你现在还不了解鸿沟，那你将永远、永远、永远都不会了解了。"

保龄球道。在跨越鸿沟，成功占领滩头阵地之后，你要把战果扩大到相邻的细分市场。这些细分市场与滩头阵地是部分重合的，因为目标客户会在生活圈子里传播产品的消息，或者交付整体产品的合作伙伴与其他行业共用一个生态系统。占领下一个细分市场的策略与跨越鸿沟的策略完全相同，但是不必付出同样的时间和精力，因为已有战果可以助你一臂之力。成熟后的细分市场可能会发展成独立的利基市场，也可能在市场开发的龙卷风暴阶段与其他细分市场合并。但是，只要市场还处于保龄球道阶段，产品分销渠道就会更注重价值而非销量，定价仍会保持一个高于商品价格的溢价，竞争性定位仍然是市场对手与产品对手的交叉点，既有市场对手的行业优势，又有产品对手的性能价值。

龙卷风暴。在这个阶段，市场状态会发生剧烈的转变，就像水从液态变成气态一样。（如果以水来做类比的话，那么跨越鸿沟就是水从固态转变成液态。）因为所有经济部门都在同一时间采用了新产品，所以目标客户也越来越大众化。现在，新技术已经被视为必备的基础设施，这就是消费者迫切要购买产品的理由。个人电脑、手机、激光打印机、网站、笔记本电脑、智能手机、平板电脑等例子都说明了这一点。整体产品在销售的时候就可以完成搭配和组装，合作伙伴也积极地调整和更新自己的产品，确保能够与每一个新发布的基础平台产品兼容。合作伙伴也开始有了"啄食顺序"，有些公司获得了高度特权地位（例如20世纪90年代的微软和英特尔，过去十年的谷歌和苹果）。分销要采取成本最低、覆盖最广的渠道，只要能够满足产品安装和运行的基本条件就行。参考价格不再取决于市场领导者，而是取决于成本最低的商品供应商，也就是说，产品的定价是从最低价往上提高，而不是从最高价往下降低。竞争性定位的参照系不再是产品在目标使用场景的性能，而是产品的性价比以及公司的整体市场份额。当然，这个时候仍然可以选择利基市场路线，但是整体产品必须高度差异化，才能抵御商品价格的侵蚀。赢得最大的市场份额——特别是依靠转换成本极高的专利技术赢得最大市场份额，能够创造巨大的股东价值，这一点我们在《猩猩游戏》（1999年出版）中也有详细讨论。

主街。龙卷风暴是一个高速增长期，增速高达两位数，在开始时甚至可能达到三位数，而且高速增长会持续到第一代基础设施完全渗透市场为止。然后，市场发展开始换挡，调整为更可持续的发展节奏，增速降到个位数，是一种周期性增长，而不是长期性增长。产品仍然是无差异化的商品，利用卓越运营战略来吸引低成本买家。相反，增值产品则利用亲近客户战略吸引拥有可支配收入的客户，他们愿意多花一点钱购买额外的产品功能。这些"额外"功能很容易就能整合到现有的整体产品中，不必付出"额外"的努力（我们把整合后的产品称为"整体产品＋"），但是"整体产品＋"的价格通常比基本产品高 10%～15%，利润率是基本产品的 5～10 倍。事实上，基本产品通常是补贴销售的，企业赚的钱主要来自消费者的后续消费，智能手机就是一个明显的例子。这类产品虽然利润率很高，但是绝对收入比较少，所以任何形式的开销都是利润杀手，因此最好的销售方式就是提供网络自助购买服务。竞争性定位要么是当前主流产品（例如转换成本较高的市场领导者或品牌产品），要么是差异化产品，基础功能一样，但是增加了其他功能或属性。在这个时代，产品的基础功能只要"够用"就足够了。

从以上介绍可以看到，在开发高科技市场的过程中，我们在不同的市场阶段要采取不同的策略。这些策略其实我们都非常熟悉，问题是对于公司当前处于哪一个市场开发阶段，需要在公司内部达成共识，然后相应地采取最合适的市场开发策略。尤其在市场过渡阶段，公司处于什么阶段，何时是改变策略的最佳时机，这些都很难看清楚，要达成共识更是不容易。过去 20 年的经验教训是：与其拖拉延迟、摇摆不定，既学不到东西，又得不到最好的结果，不如当机立断，认定一个方向坚持到底，就算走错了，你也可以迅速改变方向。

当然，这个话题可以挖掘的细节还有很多。如果你觉得需要深入了解，也许应该马上买一本《龙卷风暴》。在阅读《跨越鸿沟》的同时读一读《龙卷风暴》，我相信你一定会大有收获。

附录 B　数字消费品采用的"四个齿轮"模型

　　跨越鸿沟模型是一种不折不扣的 B2B 模式。无论在什么时候，只要有颠覆性技术问世，你总会看到大型机构的身影，是它们在背后推动颠覆性技术走向市场，也正因为如此，跨越鸿沟模型具有相当广泛的适用性。尽管如此，随着新技术应用越来越普及，现在更常见的情况是，一项颠覆性创新产品在没有任何机构直接参与或提供支持下就已经扩散开来。欢迎来到 Google、Facebook、YouTube、Skype 及其他互联网公司创造的新世界！

　　这些互联网公司也是从技术采用过程一路走过来的，因此它们才能够脱颖而出，把无数竞争对手甩在身后，但是它们并没有遇到鸿沟。相反，它们的市场发展轨迹看起来更像新型包装消费品（CPG），先是提供试用版、测试版，然后推出正式版，并且大肆开展大众市场促销活动。虽然看着相似，但数字消费品毕竟还是有所不同。

数字消费品的采用过程可以概括为以下四个重要环节：

1. 获取流量

2. 吸引用户参与

3. 将用户变现

4. 拓展忠诚用户

我们把这个模型称为"四个齿轮"模型，每一个齿轮都为推动数字企业的规模化发展发挥了至关重要的作用。当然，数字消费品的采用过程并不是从第一个齿轮开始一直到第四个齿轮结束。下面我们来看看这四个齿轮的运作方式。

第一个启动的齿轮是吸引用户参与。你是否能创造一种与众不同、引人入胜的数字（或以数字为媒介）的体验，而且足以让用户想再次体验，甚至反复体验？如果能让用户想反复体验，那就会形成一种消费模式，这是创造大众市场的首要前提。如果你要卖一款软件，那你至少得找到几个愿意用，而且喜欢用这款软件的人。

一旦吸引用户参与这个齿轮开始转动，获取流量这个齿轮就应该跟着启动了。这两个齿轮是相互作用、相互修正的。在这个时候，你的初创企业正面临着第二个重要挑战：你那与众不同、引人入胜的数字体验是否能规模化？规模化意味着需求侧和供给侧要实现同步增长。在需求侧，要有新用户上车，最终要吸引那些比最初一批用户想要更多或不同功能的用户上车；在供给侧，要推出新内容或新功能，在初始版本的基础上加以拓展。要规模化就必须不断地修改产品，而修改产品也一定会对规模化产生影响（但不一定是积极的影响）。所以，你得有强大的心脏，怯懦之人是做不了大事的。

但是，无论多么困难，也总有苦尽甘来的时刻，或者说，临界点总会到来。在 B2B 模式中，临界点是事关成败的关键时刻，在 B2C 模式中也是一样。规模化的努力开始之后，在到达临界点之前，你必须不断增加投入，不断大踩油门，才能继续前进——如果你松开油门，齿轮系统就会恢复到初始状态。但是，在通过临界点之后，齿轮系统就能进入新的状态，新状态稳定下来之后，系统的惯性实际上会拉着你前进，让你毫不费力就到达一个"正确"的新位置。当然，即便到了这个时候，你还是可能会搞砸（问问 Myspace 或 Groupon 的投资者就知道了），只是要搞砸还真不太容易，要"花点功夫"才行。

因此，在消费者生命周期的"获取－吸引"阶段，我们的目标就是尽快越过这个临界点。在网络上，根据目标市场的规模大小，你可能需要吸引数以十万计，甚至数以百万计的用户，否则你恐怕很难实现宏伟的目标。至于临界点何时到来，这是事先无法预测的——临界点只会出现在后视镜里，你只能在事后才发现，但是，只要你越过了临界点，你会感到有一股力量在推动着你前进。到了这个时候，你应该启动拓展忠诚用户这个齿轮。

拓展忠诚用户，首先需要找到乐于替你宣传产品，甚至热衷于说服其他人购买产品的消费者。这是一群数量虽少但话语权较大的消费者，你要与他们进行"亲密接触"。他们之所以自愿宣传和推广你的产品，是因为他们非常相信你，非常相信你的产品，以至于把这种信念看作自己的一种身份认同。

你不用向他们付钱，付钱反而是对他们的侮辱，他们这样做，只是因为你的产品让他们产生了身份认同感。由此，公司、产品、消费者之间的互动关系彻底改变了。西蒙·斯涅克（Simon Sinek）做过一次关于创新的 TED 演讲，非常受欢迎，观看人数极多。他在演讲中说，创新公司的目标不是与需要创新产品的客户做生意（这确实是大多数成熟企业的目标，当然也无可厚非），而是与跟创新公司具有同样信念的客户做生意。

消费者的忠诚度表现为三个层次。最高层次是一种传教士般的忠诚，那是一种孜孜不倦地为你传播产品的狂热。这一类忠诚客户的存在是病毒营销的关键因素，你的现有客户主动为你推销产品，这才是效果最好的营销方式，你获得客户的成本将会直线下降。这一类客户的净推荐值（NPS）为 9 或 10（"我一定会向朋友推荐这个产品"）。

第二层次的忠诚度相当于 7 或 8 的 NPS（"我可能会向朋友推荐这个产品"），这一类客户不会推动病毒营销，但是可以保证顾客留存率。这也可以理解为根深蒂固的品牌偏好——我买啤酒一定会买荷兰的喜力啤酒，或德国的贝克无酒精啤酒，我不会向他人推荐这两个品牌，但是我买啤酒的钱永远属于它们。必须要有这样的忠诚度，才能防止顾客流失。

如果忠诚度低于以上层次，即 NPS 在 1 ～ 6 之间（"我对向朋友推荐这个产品持保留态度"），那就说明客户会考虑其他竞争对手的产品，甚至直接更换品牌。而且，NPS 低的消费者不但不会推广你的产品，反而会破坏你的名声，对消费者营销造成难以估量的严重后果。例如，2004 年上映的喜剧纪录片《超码的我》记录了连续 30 天只吃麦当劳的食物对身体所造成的损害，给麦当劳制造了不少舆论压力，最后麦当劳不得不改变营销策略。

在消费者营销模式下，拓展忠诚用户的最低目标是将客户流失率控制在每月 2% 以下（这样的话，客户价值的生命周期大约为四年）；如果要追求更高的目标，那就要借助忠诚客户的力量，让你在品类增长阶段实现超高速增长。因此，一旦你确信吸引用户参与和获取流量这两个齿轮已经进入全速运行，你就要马上启动拓展忠诚用户这个齿轮，利用忠诚用户的加速作用，尽快通过你预计的临界点。

你的一切努力是否能取得成功，最终还是要看第四个齿轮，也是最后一个齿轮——将用户变现。跨越鸿沟模式无疑是一种现收现付的模式，而四个齿轮模式却是一种 URL 模式，URL 可不是"统一资源定位器"（uniform resource locator），而是"先走流量，然后赚钱"（Ubiquity now，Revenue Later）。在 21 世纪前十年，大多数消费互联网领域的巨大成功都是通过"先走流量，然后赚钱"模式实现的，都是到最后阶段才启动变现齿轮，有时候甚至在被其他"赚钱机器"收购之后才开始赚钱（例如被谷歌收购的 YouTube，被 Facebook 收购的 Instagram，被雅虎收购的 Tumblr）。

关键是要明白，无论在何时启动，变现齿轮都会导致其他三个齿轮降低速度。就像开手动挡汽车踩离合器一样，无论踩得过早，还是过快，都会导致发动机熄火。你要掌握好技巧，像四两拨千斤一般启动变现齿轮，最大限度地减少或者吸收换挡的阻滞效应，在尽可能短的时间内使发动机恢复全速状态。如此看来，最重要的目标其实是制订一个能够保证现在和未来最大收益的最优定价方案。定价是一个永远不会结束的实验，因为竞争和创新会重塑市场格局，产品的定价也必须随之改变。

以上就是四个齿轮的简要介绍。虽然"四个齿轮"模型一开始就独立于跨越鸿沟模型，在某种意义上甚至与跨越鸿沟模型的思路截然相反，但是，我相信，未来这两个模型将会同时运用于钳形攻势中，即消费者营销和机构营销齐头并进，通过消费者营销掀起大规模采用浪潮，机构营销则从中寻找机会投资和变现。因此，企业管理团队必须学会同时走好两条路，而且必须 B2C 先行，因为如果你无法证明这四个齿轮有足够的牵引力，那你也无法吸引"赚钱机器"机构前来投资。这种兵分两路、双管齐下的营销模式最有可能出现在公共利益与私人资本关系密切的领域，比如医疗、教育和公共服务。在这些领域，用户行为和机构行为发挥着同样重要的作用。

推荐阅读

读懂未来前沿趋势

一本书读懂碳中和
安永碳中和课题组 著
ISBN: 978-7-111-68834-1

双重冲击：大国博弈的未来与未来的世界经济
李晓 著
ISBN: 978-7-111-70154-5

一本书读懂 ESG
安永 ESG 课题组 著
ISBN: 978-7-111-75390-2

数字化转型路线图：智能商业实操手册
[美] 托尼·萨尔德哈（Tony Saldanha）
ISBN: 978-7-111-67907-3